中国证券业协会 2022 年重点课题研究优秀课题报告摘要汇编

中国证券业协会 编

中国财经出版传媒集团
中国财政经济出版社
北京

图书在版编目（CIP）数据

中国证券业协会2022年重点课题研究优秀课题报告摘要汇编／中国证券业协会编． ーー北京：中国财政经济出版社，2023.11

ISBN 978－7－5223－2127－1

Ⅰ.①中… Ⅱ.①中… Ⅲ.①证券业－研究报告－文摘－汇编－中国－2022 Ⅳ.①Z89：F832.51

中国国家版本馆CIP数据核字（2023）第184565号

责任编辑：翁晓红　　　　　责任校对：张　凡
封面设计：孙俪铭　　　　　责任印制：党　辉

中国证券业协会2022年重点课题研究优秀课题报告摘要汇编
ZHONGGUO ZHENGQUANYE XIEHUI 2022NIAN ZHONGDIAN KETI YANJIU
YOUXIU KETI BAOGAO ZHAIYAO HUIBIAN

中国财政经济出版社 出版

URL：http://www.cfeph.cn
E－mail：cfeph@cfeph.cn

（版权所有　翻印必究）

社址：北京市海淀区阜成路甲28号　邮政编码：100142
营销中心电话：010－88191522
天猫网店：中国财政经济出版社旗舰店
网址：https://zgczjjcbs.tmall.com
北京时捷印刷有限公司印刷　各地新华书店经销
成品尺寸：170mm×240mm　16开　13.75印张　193 000字
2023年11月第1版　2023年11月北京第1次印刷
定价：46.00元
ISBN 978－7－5223－2127－1
（图书出现印装问题，本社负责调换，电话：010－88190548）
本社质量投诉电话：010－88190744
打击盗版举报热线：010－88191661　QQ：2242791300

《中国证券业协会 2022 年重点课题研究优秀课题报告摘要汇编》编委会名单

主　　　编：赵山忠

委　　　员：（按姓氏笔画排序）

王　松　　王连志　　王常青　　王琳晶
邓　舸　　毕玉国　　刘元瑞　　刘志辉
刘肃毅　　李　军　　李　康　　杨玉成
吴　坚　　何之江　　张佑君　　张纳沙
张剑文　　陈　亮　　林传辉　　周　杰
周　易　　贺　青　　陶永泽　　黄朝晖
章宏韬　　阎卫星　　曾　山　　霍　达

执 行 主 编：王燕红　　孟宥慈　　张冀华　　张东升
　　　　　　汪兆军　　李亚琳

执行副主编：曹永强　　于　佳

前　　言

　　党的二十大擘画了以中国式现代化全面推进中华民族伟大复兴的宏伟蓝图。建设中国特色现代资本市场是中国式现代化的应有之义，是走好中国特色金融发展之路的内在要求。为助力中国特色现代资本市场建设，证券行业将切实提高政治站位，胸怀"国之大者"，强化使命担当，坚定不移走高质量发展之路，凝聚行业智慧与力量，为实现建设安全、规范、透明、开放、有活力、有韧性的资本市场总目标发挥证券业专业引领和"智库"作用，为推进中国式现代化贡献行业力量。

　　近年来，中国证券业协会积极主动履行《证券法》赋予的"组织会员就证券业的发展、运作及有关内容进行研究"重要职责，发挥自律组织的共建、共治、共享平台作用，每年组织证券行业开展战略性、前瞻性、基础性、针对性的重点课题研究，党的十八大以来立项的课题研究数量达1036项。经过学术不端检测、专家网上初审和答辩终审等环节，累计由专家评选出240篇优秀课题报告，为资本市场全面深化改革和证券业高质量创新发展发挥了重要的研究支持作用。

　　2022年中国证券业协会组织行业开展了以"全面注册制下资本市场与证券行业高质量发展"为主题的重点课题研究，共收到476项课题申报，立项183项课题。立项课题经过3个月研究，通过学术不端检测要求，经学术、监管和行业专家独立、客观、公正评审程序，最终由专家评选出59篇优秀课题报告。优秀课题研究成果聚焦提高政治站位，坚定贯彻落实新发展理念，围绕高质量发展首要任务，政策指导与应用价值突出：一是聚焦资本市场基础制度建设，为提升新股发行定价效率、完善投行执业评价等领域提供新思路；二是践行服务实体经济初心使命，为行业助力区域经济发展、绿色低碳发展和"专精特新"中小企业发展提供服务新实践；三是突出做专做优做精做强，在提高上市公司质量、推动衍生品市场建设、加强风险监测与防范等方面，探索行业高质量发展新路径；四是推进数字化转型与金融科技应用，通过人工智能、大数据、区块链等打造行业数字化发展新模式；五是加强党建引领与文化建设，不断优化适当性等投资者保护机制，助力行业生态环境高质量发展新格局。

为集中展示2022年优秀课题研究成果精华内容，我们将57篇优秀课题的摘要内容结集出版，供学习交流。在此，感谢各课题研究单位的大力支持以及每一位课题组成员的辛勤贡献！

本次系优秀课题摘要部分首次结集出版，编撰工作难免有疏漏、不足之处，敬请业内同仁、广大读者提出宝贵意见和建议。

中国证券业协会

2023年11月

目　　录

注册制下新股发行定价效率与制度优化研究
　　……………………………………… 东兴证券股份有限公司 （ 1 ）

注册制下保荐人合理信赖机制研究 ……… 国海证券股份有限公司 （ 4 ）

证券虚假陈述责任视角下证券公司注意义务界定及投行执业评价建议
　　………… 华泰联合证券有限责任公司　北京市中伦律师事务所 （ 7 ）

注册制下新股发行定价效率实证研究
　　——兼论中小投资者保护
　　…… 湘财证券股份有限公司　上海交通大学上海高级金融学院 （ 11 ）

绿色增长、产业转型与企业价值 ………… 安信证券股份有限公司 （ 14 ）

资本市场服务"专精特新"中小企业发展研究
　　……………………………………… 国信证券股份有限公司 （ 17 ）

民营企业债券融资支持机制完善研究 …… 红塔证券股份有限公司 （ 21 ）

开展 REITs 试点，促进高质量发展
　　——以上海基础设施领域为例
　　………………………… 华泰证券（上海）资产管理有限公司 （ 24 ）

我国基于公募 REITs 的新基建产业升级路径及政策建议
　　……………………………………… 新华基金管理股份有限公司 （ 28 ）

金融科技如何赋能资本市场服务专精特新企业研究
　　……………………………………… 中国国际金融股份有限公司 （ 32 ）

资本市场参与"双碳"治理研究
　　……　中国银河证券股份有限公司　中国社会科学院经济研究所（35）

资本市场服务区域经济发展研究　…………　中信证券股份有限公司（39）

我国高收益债券市场建设及监管机制完善研究
　　……………………………………　天风证券股份有限公司（42）

场外结构化证券的基础制度设计研究
　　——基于场外债务融资工具的比较视角
　　…　中证机构间报价系统股份有限公司　华泰证券股份有限公司（45）

基于同群效应的上市公司财务舞弊的识别及防范研究
　　………………　海通证券股份有限公司　复旦大学经济学院（48）

全面注册制背景下上市公司重组制度研究
　　……………………………　华泰联合证券有限责任公司（52）

注册制下提升上市公司独立董事履职效能问题研究
　　——以独立董事民事责任为切入点
　　………　开源证券股份有限公司　北京浩天律师事务所（55）

ESG 评级和投资研究　………………　兴业证券股份有限公司（59）

证券公司保荐业务质量评价体系研究
　　——基于上市公司质量评价的视角　……　招商证券股份有限公司（63）

稳中求进背景下利用衍生品市场推动证券业高质量发展专题研究
　　……………………………………　安信证券股份有限公司（66）

国内外财富管理市场与商业模式研究　……　广发证券股份有限公司（69）

数字时代证券公司数据共享和跨境的法律困境与对策建议研究
　　…………　国泰君安证券股份有限公司　上海市协力律师事务所（73）

证券公司资产负债管理方法研究
　　…　国元证券股份有限公司　上海金仕达软件科技股份有限公司（77）

金融业态综合化、平台化、数字化下的证券公司高质量发展研究
　　……………………上海申银万国证券研究所有限公司（80）

管理型投顾业务的国际比较及思考 … 野村东方国际证券有限公司（84）

中国特色企业衍生品发展道路研究 … 中国国际金融股份有限公司（87）

资本市场系统性风险研判与防范研究
　　…………………东北证券股份有限公司　复旦大学经济学院（91）

"大资管"背景下的资产管理人民事责任及风险防范研究
　　………………国融证券股份有限公司　北京市天同律师事务所（94）

全面注册制下融资融券风险标准参数管理体系研究
　　………………………………………华创证券有限责任公司（98）

中小券商信用风险管控多元数据融合解决方案研究
　　………………………………………华金证券股份有限公司（101）

量化、高频等新型交易方式风险分析与防范研究
　　………………………………………申万宏源证券有限公司（105）

证券公司声誉建设研究 ……………… 中信建投证券股份有限公司（109）

证券公司自研指数合规管理研究 …… 中信证券股份有限公司（113）

场外市场估值应用研究
　　——构建以总市场价值为核心的场外衍生品动态风险监控监测体系
　　………………………中证机构间报价系统股份有限公司
　　　　　　　　　　华泰证券股份有限公司　浙江工商大学（116）

我国场外衍生品业务风险传导与防范管理研究
　　………………………中证机构间报价系统股份有限公司
　　　　　　　　　　中信证券股份有限公司　华泰证券股份有限公司（120）

数字化转型成熟度模型及考核机制研究 … 长城证券股份有限公司（123）

券商经纪业务数字化运营质量管理体系及实践研究摘要
....长江证券股份有限公司（127）

分布式数据库在行业信创核心系统的研究与应用
....国泰君安证券股份有限公司（130）

基于区块链的 E&FICC 场外业务全流程数字化解决方案研究
....国泰君安证券股份有限公司
中证机构间报价系统股份有限公司　北京共识数信科技有限公司（134）

基于大数据的信用债智能定价与交易应用场景研究
....华泰证券股份有限公司（138）

基于大数据以及人工智能的持续督导合规科技平台建设研究
....申万宏源证券承销保荐有限责任公司
深圳价值在线信息科技股份有限公司（141）

证券行业智能化全生命周期数据治理建设实践
....天风证券股份有限公司　北京数语科技有限公司
深圳市长亮数据技术有限公司（145）

经纪业务客户交易结算资金智能化管理研究　…　甬兴证券有限公司（149）

基于大数据和人工智能的特定股东股份智能管理系统研究
....中国银河证券股份有限公司
深圳价值在线信息科技股份有限公司（153）

基于深度学习的文档智能撰写在投行业务中的应用研究
....中国银河证券股份有限公司　北京庖丁科技有限公司（157）

金融科技在场外衍生品业务中的应用研究
....中国银河证券股份有限公司（161）

基于人工智能技术的知识中台在综合财富管理业务中的应用研究
……………………………… 中信建投证券股份有限公司
　　　　　　　瑞泊（北京）人工智能科技有限公司（165）

证券行业技术标准化提升金融科技系统交付能力的研究与实践
……… 中信建投证券股份有限公司　中国标准化研究院（169）

基于隐私保护计算的证券公司数据安全共享与实践研究
……… 中信证券股份有限公司　上海富数科技有限公司（173）

证券行业数字人民币应用实践研究 ……… 中信证券股份有限公司（177）

证券公司企业文化建设国际比较研究 …… 华创证券有限责任公司（181）

"三正"统领夯实文化基础　以文化人提升品牌建设
　　——基于南京证券企业文化建设调查的数据分析与对策研究
……………………………………………… 南京证券股份有限公司（185）

党建引领证券公司高质量发展研究 ……… 兴业证券股份有限公司（188）

证券公司企业文化建设国际比较研究
　　——如何建设具有中国特色的证券公司企业文化
……………………………………… 中国国际金融股份有限公司（191）

证券行业投资者适当性管理机制优化研究
…… 东北证券股份有限公司　中国政法大学法与经济学研究院（195）

投资者教育纳入国民教育体系教学大纲研究
………………………… 中泰证券股份有限公司　山东财经大学（199）

证券公司从业人员执业领域违法犯罪及风险防范研究
……………… 中信证券股份有限公司　北京市天同律师事务所（202）

注册制下新股发行定价效率
与制度优化研究

东兴证券股份有限公司[*]

注册制改革是我国资本市场市场化改革的重要里程碑,是完善资本市场基础制度、保护投资者合法权益和激发市场活力的重要制度安排。在"一个核心、两个环节、三项市场化安排"的制度架构下,注册制改革取得了阶段性成果,上市企业家数稳步增长,市场运行平稳有序。新股发行制度是资本市场最根本、最基础的制度,而新股定价环节能否充分体现资本市场价值发现作用,关系着证券市场的运行效率,进而关系着资本市场资源配置、直接融资和财富效应等功能的有效发挥。

本文在注册制改革扎实推进的背景下,以注册制试点以来创业板和科创板上市公司为研究对象,分析不同新股发行体制对新股定价效率的影响,并对影响新股定价效率的具体制度因素进行重点探析。更进一步,对目前市场上出现的新股破发现象,分别从一、二级市场的定价效率角度分析这种现象产生的原因。

本文首先对实证研究涉及的理论基础进行概述,分别从我国新股发行制度的发展与变迁、新股定价效率相关理论以及研究新股定价效率常用的随机前沿分析方法等方面对已有理论进行梳理。我国新股发行制度经历了行政审批制、核准制和注册制三个发展阶段。各个发展阶段下,新股发行

---

[*] 课题负责人:张军,东兴证券董事、副总经理;课题组成员:杨志、程若阳、韩笑。

审核、定价和配售三个方面的主要制度都历经多次变化调整。国外学者对新股定价效率相关的理论研究更多集中于信息不对称和行为金融两个范畴，而国内学者的相关研究主要集中于制度因素对新股定价效率的影响。在生产理论中，随机前沿模型（SFA）主要用于对理论产出进行估计，若以股票价格作为产出量，以影响股价的因素作为生产要素投入，该模型可以应用于对股票价格的估计。本文就应用了该估计方法，考察首次公开募股（IPO）理论估计价格与实际价格的偏离度，从而对新股定价效率进行研究。

在实证检验中，本文对注册制新股发行定价效率进行实证分析。建立新股一级市场定价的随机前沿模型，研究不同发行制度下的新股定价效率及其影响因素和变化趋势，并对注册制下同时期不同板块的估计结果进行对比分析。通过实证分析可知，注册制改革使我国新股定价效率较核准制时期大幅度提升，且随着改革的不断深入，相关制度日益完善，更加合理的定价机制也在定价效率中有所体现。目前，创业板和科创板注册制新股发行一级市场定价水平处于合理区间，不存在显著低估或者高估发行价的情况。因此，现有注册制整体制度安排具有全市场推广的实践基础。

此外，本文对目前受到市场广泛关注的新股破发现象及其成因进行实证分析。对破发新股的新股发行定价及二级交易定价分别建立随机前沿模型，通过考察破发样本在一级市场和二级市场的定价效率，来分析注册制以来新股破发的主要成因。通过实证分析可知，目前市场上的新股破发现象并非由一级市场定价过高造成，而是由二级交易价格随市场环境及供求关系波动和部分二级市场投资者谨慎定价造成的。

本文的实证研究结果表明：第一，注册制改革使我国新股定价效率较核准制时期大幅度提升。目前，科创板新股发行一级市场定价整体上处于效率水平，不存在显著低估或者高估发行价的情况；创业板注册制新股发行一级市场不存在显著低估的情况，在1%的显著性水平下不存在显著高估的情况。第二，从实证结果来看，询价新规以及行业相关规范制度的落地有效约束了市场上出现的投资者合谋定价、承销商合谋抬高投价报告估值等不规范行为，显著提高了新股发行的定价效率。第三，定价效率与发行效率不可兼得，对于发行股数较小而采用参考行业平均市盈率来直接定价发行的企业来说，尽管发行效率有所提高，但是新股定价未能达到效率水平。第四，对于询价新规落地后出现的新股破发现象，其主要成因是新股二级交易价格随市场环境及供求关系波动和科创板二级市场投资者定价偏谨慎，而不是一级市场定价过高，需要意识到破发现象的出现是我国资本市场走向成熟的必经之路。

根据以上结果，本文提出以下政策建议：

一是注册制改革已具备在全市场推广的制度基础与实践基础，应坚定不移地支持全面注册制扎实推进。这几年的实践表明，科创板和创业板的注册制试点基本实现了改革的初衷，在提升我国资本市场化配置水平的同时，也提高了我国资本市场服务实体经济的水平和国际竞争力。接下来，我们需要在总结已有经验的基础上，继续做实做细各项准备工作，坚定不移地推进全面注册制改革。

二是注册制下新股定价在赋予市场参与者相应权利的同时，更要通过"强监管"压实各方责任。注册制改革在制度框架内扩大了市场自由度，为了保障资本市场的融资秩序，监管生态更需强调发行人、投资者、中介机构、审核部门及监管部门归位尽责、各司其职。实践与实证分析均表明，在资本逐利的驱动下，投资者有合谋压价的动机，承销商有合谋高估发行价的动机，而发行人也存在盈余管理的动机，这些行为都严重破坏了资本市场的运行秩序，对资本市场发挥价值发现功能造成负面影响。因此，注册制下的监管资源需要聚焦于市场制度的建设和市场行为的监管，体现"强监管"，维护市场"三公"原则。

三是新股破发是资本市场走向成熟和市场化的必经之路，鼓励新股穿上"绿鞋"稳定后市价格。在注册制现行制度框架下，尽管目前创业板一级市场新股定价存在一定程度的高估，但是注册制以来的新股破发并非由一级市场定价过高造成，而是由市场环境及二级市场定价偏低的原因造成。面对新股破发，应鼓励承销商根据发行人及市场情况多为新股穿上"绿鞋"，形成常态化稳定新股后市价格的机制，实现多方共赢。此外，在科创板市场逐步发展成熟后，适时考虑降低科创板投资者交易门槛，在提升市场流动性的同时，有助于提升二级市场定价效率。

注册制下保荐人合理信赖机制研究

国海证券股份有限公司*

自 2004 年保荐制度在我国证券市场建立以来，基本确立了严格的"保荐人牵头责任"模式，要求保荐人对本属于会计师、律师等业务范围内的事项也需独立审查并承担责任。该种模式在理论层面存在各中介机构定位和责任界限如何划定、社会资源如何避免浪费等探讨空间，在实践中容易出现保荐人为规避监管风险和进行责任抗辩而将其他中介机构的履职程序全部重复实施的情形，这除了造成不经济的后果外，原本的制度设计目的也不易实现——在有限资源的限制下，大量重复工作必然挤占更加能够有效识别风险工作的资源和精力。该种模式在保荐制度设立初期与我国当时金融法制发展水平相适应，各领域未形成成熟的行业惯例、法律法规对不同中介机构的损害赔偿责任划分机制尚不清晰等均是当时保荐制度模式形成的客观背景。

随着股票发行注册制的实施，中介机构工作量进一步增加，工作实效的要求进一步提升，保荐制度存在进一步优化的内在需求。中国证监会于 2022 年 1 月发布的《关于注册制下提高招股说明书信息披露质量的指导意见》明确提出了"进一步厘清发行人及中介机构在招股说明书撰写与编制中的职责边界，完善合理信赖制度，适度减少重复工作，督促各自归位尽责"，对严格的"保荐人牵头责任"模式提出了缓释和优化，中介机构的

---

* 课题负责人：李赵力，国海证券质控部总经理。课题组成员：孙波、刘晓丹、郑露露、贾璐。

"区分责任"模式成为补充，合理信赖制度成为保荐人落实上述要求、提高保荐工作实效的重要制度保障。

从整个制度史观察，合理信赖的概念源自民商法，其核心要义是让具备权利外观的主体承担相应的法律责任，保护因信赖该权利外观而实施行为的人的利益，即信赖利益。在该项制度安排中，满足合理信赖的标准有两个前提：一是存在基本的权利外观事实；二是履行了合理注意义务。从证券发行制度横向比较，无论是英国、中国香港地区的保荐人牵头责任模式还是美国的区分责任模式均有合理信赖制度的立法例和实践，特别是美国的司法判例中存在承销商通过适用合理信赖机制成功抗辩的情形。中国香港地区和美国的合理信赖机制均不要求保荐人（承销商）对所谓专家意见无条件进行调查，香港地区尤其强调了对审计师意见不要求保荐人进行进一步的调查，但在履行自身合理调查义务过程中及查阅专业意见时发现的明显异常均有可能构成危险信号，其应对这些危险信号进行核查以排除合理怀疑。中国香港地区的案例中列示了不少类似于第三方回款等危险信号的具体表现。我们的保荐人合理信赖制度可汲取以上理论和经验。

合理信赖的前提是能够清晰划分各中介机构之间的职责边界。在不改变保荐机构的职责是"对注册申请文件和信息披露资料进行全面核查验证"的前提下，存在能够区分保荐机构和会计师、律师等对发行注册文件中披露内容明确分工的可能性。注册制改革的核心是以信息披露为中心，中介机构的核查工作完全为信息披露的真实、准确、完整服务，以注册制下招股说明书相关内容与格式准则为主线，同时应结合各中介机构主管部门发布的关于保荐、财务、法律等方面的执业准则与要求，一定程度上可以合理厘清各中介机构职责边界。总体来看，"发行人基本情况"的大部分内容核查职责归属于律师，"业务与技术"主要为保荐机构职责，"公司治理与独立性"的核查职责以律师为主、个别内容为会计师职责，"财务会计信息与管理层分析"以会计师工作为基础和主体、保荐机构主要对分析部分实施核查，"募集资金运用与未来发展规划"和"投资者保护"主要为保荐机构职责，"其他重要事项"主要为律师核查范围。

在划分职责边界的基础上，保荐机构对其他中介机构的专业意见和工作成果合理信赖变得顺理成章，但借鉴美国和我国香港地区经验，合理信赖并非盲目信赖，需满足一定的条件和程序，区分为基本注意义务和进一步的注意义务。前者是为了排除基本的外观瑕疵，内容包括证券服务机构的专业胜任能力、独立性、前提及假设、核查范围、核查程序及资料等，其中核查程序及资料的内涵需严格限定在专业意见披露的范围。后者是动用更加专业的智识排除实质性的外观瑕疵，主要是以发现危险信号为目的，通过职业判断排除合理怀疑，因此危险信号的发现和评估至关重要。重大异常的信号在资产负债表、利润表、现金流量表、非经常性损益明细表等以及主体资格、公司治理、合法合规等方面均有不同的表现；前后重大矛盾除了常识性的表述矛盾外，会计报表科目的勾稽关系出现矛盾更加重要；重大差异则是保荐机构在不同分工基础上能够通过复核工作发现的最重要的危险信号，虽然中介机构负责核查的内容不同，但不同内容之间存在交叉印证的空间，如产能、产量与固定资产规模及变动之间存在匹配性，前者是保荐机构的核查内容，后者是会计师的核查内容。通过梳理和细化上述三大危险信号的典型情形有助于提升合理信赖机制的操作性。

目前，无论是市场主体还是司法主体在预判或裁判各中介机构责任时均依仗监管机构的执法尺度，监管部门通过审核问询、现场检查、督导、行政处罚等活动明确合理信赖的可适用性。后续司法机构也可通过司法实践丰富合理信赖制度的内涵，以便公平施加责任。

证券虚假陈述责任视角下证券公司注意义务界定及投行执业评价建议

华泰联合证券有限责任公司　北京市中伦律师事务所[*]

为广泛了解证券公司投行业务的实践情况,以探寻不同投行业务类型因为市场需求和融资效率需求的不同而导致的尽职调查的制约因素以及执业的中位数标准,本课题组向不同规模的共计25家证券公司的从业人员以问卷形式进行了调研,最终回收有效问卷208份。经全面分析问卷调研结果并比对法律法规规定及监管案例、司法案例情况,课题组发现:从尽职调查范围与标准、尽职调查所涉重点问题、尽职调查主要核查手段、尽职调查周期、尽职调查对象的配合程度、证券公司对证券服务机构的依赖程度等角度看,证券公司不同投行业务类型的特点存在很大不同。

尽职调查范围及标准不同。在首次公开募股(IPO)、并购重组、债券承销等业务中,更多的受调研人员认为需要对尽职调查对象的财务、法律、业务等方面的问题进行全面核查。在股权再融资业务中,更多的受调研人员认为实践中对尽职调查对象的核查更多地聚焦于相关主要问题及重点事项。

尽职调查所关注的核心问题各有侧重。虽然大多数受调研人员认为IPO、并购重组与债券承销业务均需要对尽职调查对象全面核查,但从问卷统计结果及访谈情况看,这些人员对"全面核查"的理解存在较大差

---

[*] 课题负责人:李洪涛,华泰联合证券合规总监。课题组成员:张保生、邵年、漆潇、宿洁、张文骞、冯博、商敬骐、周伟、李瑞轩、金曼特、牛馨雨、杨苏豫。

异。在股权业务中，绝大部分从业人员认为，发行人的财务真实性、重大会计处理、内控有效性是尽职调查中的突出重点问题。但在债券业务中，更多的从业人员认为发行人的股东背景、资产质量、偿债能力的变化是尽职调查中的重点问题，而该选项恰恰是股权业务中选择人数最少的一项。

尽职调查核查手段存在显著差异。绝大多数受调研人员认为，对 IPO 企业及并购重组标的的尽职调查以现场核查为主。对于其余业务类型的项目，大多数受调研人员认为除现场核查外，有一定数量的相关工作以非现场核查的方式进行。

尽职调查周期显著不同。股权业务的尽职调查周期均大于债券业务。尤其是，在大多数受调研人员认为 IPO、并购重组与债券承销业务均需要对尽职调查对象全面核查的情况下，IPO 项目的尽职调查时间在 1 年左右，远大于债券承销项目 3 个月左右，实践中对多次发行债券的成熟发行人，尽职调查周期甚至通常在 1 个月以内。

尽职调查对象的配合程度方面，债券承销业务存在突出特点，超过一半的受调研人员认为，尽职调查对象的配合程度与发行人类型存在很大关系。通常来讲，央企配合程度较低，地方国企、民企配合程度较高。

除债券分销业务外，大多数受调研人员认为，证券公司在其余投行类业务中对证券服务机构为中度依赖关系。在股权再融资和债券主承销业务中，持该等观点的受调研人员在 70% 以上。

虽然问卷调研出的行业惯例或通行做法尚无法完全达到监管要求，但根据其反映出的行业现状，反思其产生原因，课题组观察总结出以下三个结论：

一是各投行业务勤勉尽责的要求存在本质不同，不宜将股权业务（尤其是 IPO 业务）勤勉尽责标准作为各类业务的统一标准。从问卷结果凸显的六个方面来看，实践中证券公司各类投行业务间的差异可能更为明显，其尽职调查的广度与深度均不相同。虽然"勤勉尽责"是对投行类业务的总体要求，但不同投行业务类型中勤勉尽责的内涵确实存在不同，这种种不同从根源上是由不同证券品类的市场需求和相应的融资效率决定的，是证券市场各参与主体权衡收益与风险之后的一种经济学选择，一旦趋同则可能使其所对应种类的证券失去其存在价值和商业意义。如果各类投行业务均比照IPO标准执行，则企业融资效率必然大打折扣，不利于实体经济发展，境内资本市场的国际竞争力也可能受到不良影响。

二是各投行业务阶段的法定职责存在显著差异，持续督导阶段应围绕证券公司发表的意见来确定其责任边界。在持续督导的重点问题方面，从业人员普遍认为，证券公司在IPO或再融资的持续督导期间，主要侧重于上市公司募集资金使用、规范运作、信息披露、承诺履行等情况。证券公司在并购重组持续督导期间，主要侧重于与交易相关的实施情况、业绩承诺实现及补偿、配套募集资金使用、信息披露等情况。监管规定并未明确要求证券公司在持续督导阶段对上市公司披露的全部文件保证真实、准确、完整，相关司法判例亦认为证券公司"对上市公司发布信息披露文件进行事前或事后'审阅'，发现问题督促上市公司及时纠正，而非审慎核查以及保证信息披露文件真实、准确、完整的职责"。课题组认为，持续督导阶段的核查义务应区别于尽职调查阶段，应围绕证券公司发表的意见来确定其责任边界。

三是债券虚假陈述诉讼不应适用"推定交易因果关系"，举证责任不应倒置。众所周知，我国的证券虚假陈述制度是以股票市场虚假陈述为蓝本设计的，《虚假陈述司法解释》基于"欺诈市场"理论和"推定信赖"原则确立的举证责任倒置规则和推定交易因果关系在债券市场可能无法完全成立。在债券市场中，专业机构投资者应负有更大的注意义务，其应对自身的交易行为和虚假陈述行为之间的因果关系自行举证。

基于上述结论，本课题组提出如下建议：

一是在执业层面，证券公司应加强自身能力建设，完善各项机制，提高执业质量，切实把好事前风险防控关。行业中确实存在部分从业人员对执业规范理解不到位的现象，就此，证券公司应从提高前端项目甄别、提高执业质量、提高风险控制、完善内控机制等角度，全面提高自身的执业质量和风险控制能力。

二是在监管层面，监管机构宜适当提高作出否定性评价的"证明标准"，审慎作出否定性评价。建议监管机构适当提高作出否定性评价的

"证明标准"。尤其监管机构在作出行政处罚时,应遵循"明显优势证据证明标准",不宜要求当事人承担较高的举证责任。

三是在立法层面,合理确定证券公司法定职责的边界。建议进一步细化证券公司就其特别注意义务的尽职调查范围、标准,回归行业执业水平的中位数;同时进一步明确证券公司就其普通注意义务的合理信赖标准,提高投行业务人员执业过程中的可预期性。

四是在司法层面,法院应精细化认定证券公司不同业务中的具体注意义务边界。建议推动建立法院、证券监管机构、中国证券业协会的良好互动机制,加大向法院解释、说明投行业务实践情况的力度,让法院在充分了解证券公司不同业务类型中具体注意义务标准的基础上,综合考虑证券公司履职情况、过错程度以及因果关系等因素,精准厘定证券公司的责任。

注册制下新股发行定价效率实证研究
——兼论中小投资者保护

湘财证券股份有限公司　上海交通大学上海高级金融学院*

　　对新股进行合理定价是上市公司、承销商和投资者、监管机构以及各类利益相关者关注的焦点。如果发行价偏低，则上市公司募集的资金总额和股东的股权溢价会受到影响，并且根据募集资金总额收费的承销商利益也会受损；但如果发行价定得太高，则二级市场投资者会减少，甚至出现破发现象，此时跟投机构或承销商利益也会受损。因此，监管部门非常重视新股的定价机制，对新股定价等规则进行了数次改革和修订。

　　大部分新股在未上市前缺少可参考价格，加上信息不对称、高科技行业、创新性商业模式估值困难等原因，导致对新股进行合理定价非常困难。但从各参与者角度看，对新股进行合理定价又显得非常重要。众多的实证研究显示，影响新股抑价程度的因素可以归结为：承销商声誉、近期发行市场状态、信息不对称程度、询价机制、跟投制度、新股价格稳定机制等。

　　除了上述因素外，科创板和创业板新股发行中的一些特殊规定对新股抑价状况也会产生影响。例如，2021年9月18日，上交所发布了修订后的《上海证券交易所科创板股票发行与承销实施办法》《上海证券交易所科创板发行与承销规则适用指引第1号——首次公开发行股票》；同日，

---

* 课题负责人：高振营，湘财证券董事长；蒋展，上海交通大学教授。课题组成员：卢勇、李旭巍、王闯、赵佳佳、李娜、张金、寿佳敏、冯晨曦、蒋妍、董璐、徐雯婧、赵怡文、朱辰怡。

深交所也发布了新修订的《创业板首次公开发行证券发行与承销业务实施细则》。上述制度主要对注册制下的新股发行询价机制进行了修订，被市场解读为"询价新规"。

本文选取自科创板开板及创业板实施注册制起至 2022 年 9 月 30 日成功发行上市的公司作为样本，对首日涨跌幅、上市 20 日后涨跌幅、首日破发情况、上市 20 日后破发情况等结果的影响因素进行实证研究，并根据实证结果提出对中小投资者保护的相关建议。本文特色在于：除了传统的规范性研究外，同时使用多元回归模型和 Logistic 模型对询价新规、跟投制度对抑价现象的影响进行研究，以增加结果的可靠性。

本文实证结果发现："询价新规"施行之后，科创板和创业板新股抑价显著降低，说明监管部门推出的"询价新规"对抑制新股抑价有效；主承销商跟投比例以及战略投资者获配占比对科创板上市后涨跌幅存在显著的正相关关系，即主承销商和战略投资者的参与对新股上市起到了明显的信用增强作用，战略投资者获配比例越高，市场投资者信心越强，破发的可能性越低。在破发模型中，创业板上市公司净资产收益率越高，定价过高的可能性越大，破发的概率就越大；而科创板呈现相反的结果，可能原因是市场低迷时，投资者对目前盈利能力较差的企业的包容性更差，破发的可能性更高。

众所周知，在科创板和创业板推出注册制之前，一个企业从申报到最后上市挂牌交易，不仅面临严苛严格的财务资本要求，还面临长期排队等待期。在此背景下，新股发行出现较为严重的抑价效应。而本文的实证研究显示，随着注册制推行、"询价新规"的实施，新股抑价现象正在改变，上市公司的定价正在回归其本源——公司质量和行业前景等。

此外，随着注册制的全面推行，上市公司数量大幅增加，很多新兴行业和高科技行业非常专业，普通投资者很难在短时间内对其有充分的了解。无论是以市场为导向还是以行政监管为主体的 IPO 市场，其定价效率均与信息环境有密不可分的关系，即发行人、中介机构、投资者之间的信息差异是产生股票一、二级定价落差的根本性原因之一。因此，如何构建适宜的规则，并最终实现"买者自负"，对保护中小投资者非常重要。

结合"询价新规"和跟投制度，本文提出以下建议："询价新规"与跟投制度方面，可建立承销商动态评价机制，寻找跟投比例平衡点；适度延长询价期间，提高定价效率。解决信息不对称方面，应做好投资者保护教育工作，树立理性投资观念；对投资者准入资格建立常态化综合评估体系；做好风险揭示，提高投资者风险敏感度；加强问询力度，提升投资者对披露内容的理解和风险敏感度；建立良性的媒体监督环境，提高信息披露的真实性。

绿色增长、产业转型与企业价值

安信证券股份有限公司[*]

党的二十大报告明确指出,高质量发展与新发展格局是未来 5 年的经济发展核心关键。在新发展理念的思想指导下,我们认为要进一步加快推进产业往绿色化、可持续方向转型。在中长期经济发展中,未来势必从绿色化发展过渡到绿色式增长,如何通过"绿色"实现"增长"不仅是未来宏观经济、也将是更广泛的产业及企业发展过程中不可回避的重要命题。

本文基于高质量发展的时代背景,围绕绿色增长、产业转型与企业价值三个重要命题,研究如何通过产业转型实现绿色增长以及在这个过程中如何对企业价值进行有效评估。具体而言,通过理论梳理,运用 DEA – SBM 以及 Malmquist 模型对我国整体与各细分产业绿色增长效率进行测算。同时,通过现状梳理、国际比较等方式,对各个领域、行业如何通过产业转型实现绿色增长进行分析,进一步对宁德时代、比亚迪、微软、通用电气、特斯拉、苹果、亚马逊等具备借鉴意义的海内外企业进行案例分析,得到相关研究结论和启示。根据得到的研究结论与启示,对 A 股上市公司进行评估:哪些企业能够在产业转型升级实现绿色增长的过程中具备真正的投资价值。

对于通过产业转型实现绿色增长的政策路径:核心在于政府引领,同时促进市场机制充分发挥作用,坚持统筹兼顾的能源战略,先立后破、稳

---

[*] 课题负责人:焦伟,安信证券机构业务总监。课题组成员:邵琳琳、林荣雄、朱海洋、彭京涛。

步发展是我国实现绿色增长的较优路径。首先，对于绿色增长目标的实现，监管推动与政策激励需要先行，否则在微观层面上企业的转型动力将相对偏弱。其次，重视市场力量，积极推动市场机制有效承接政策端的绿色增长接力棒，充分发挥市场推动作用也是实现我国绿色增长的重要路径。新能源车以及交运部门的绿色增长经验已经证明，以政策引领带动，继而以市场机制加速促进是我国产业实现绿色增长的有效方法。

对于通过转型实现绿色增长的产业路径：绿色增长目标下的产业转型关键在于能源绿色转型、产业电气化转型以及整体数字化转型，其中电力部门绿色转型是绿色增长的重要基础与核心环节，先立后破是其绿色转型并实现增长的关键。目前，我国在能源技术发展方面进步显著，新能源产业普遍具有较优的全球竞争水平。但新能源的脆弱性与非均衡性仍是制约其应用规模大幅拓展的核心痛点，在相关问题未有妥善解决方案的背景下，仍需加强煤炭等重要传统战略能源的保供，继续发挥其重要的压舱石功能。新能源及相关配套产业与政策机制的发展步伐需进一步加快，使之充分发挥带头引领作用；而传统能源的退出步伐则需以稳为主，以保障能源安全为核心要义，以期最小化我国在能源方面的绿色转型摩擦成本。

对于各领域、各行业在绿色增长过程中转型路径与企业价值的评估：以技术进步为主、效率提升为辅是我国产业绿色增长过程中的重要特点，具备先进技术以及绿色实践意识的龙头企业将率先在绿色增长过程中实现企业价值。第一，对于传统高耗能产业，欧盟式的碳价中枢快速上行倒逼传统产业转型出清的模式在我国并不适用，应该重视研发投入，以优化产能、降低能耗。在此过程中具备稳定现金流、强盈利能力、强研发投入意愿的特钢、消费建材、新型复合材料、农化企业更有望在绿色增长中实现企业价值。第二，消费产业作为我国重要的传统产业，需要积极引进先进的绿色技术，实现绿色生产与创新，积极培育企业自主绿色品牌。在此过程中具备产业链核心地位的龙头企业有望通过绿色化、智能化新产品培育消费新增长点，实现企业价值稳定向上发展。第三，工业制造企业需要通过设备升级、数字孪生技术与数智化全流程改造有效实现绿色增长，并减少碳相关成本所带来的利润波动风险。在此过程中具备强研发创新能力、高行业专注度以及较优产品设计能力的中小型公司更容易实现企业价值。第四，目前，我国以风光电储为代表的新能源产业发展势头良好，核心在于进一步壮大以龙头企业为核心的有机产业集群，扩大产业全球竞争力，重点发展解决新能源供给非稳定性以及新旧能源摩擦成本的相关产业，如储能、智能电网等。在此过程中，具备产业链上、下游整合能力且深度布局新能源配套产业的新能源龙头企业更容易兑现企业价值。

当前转型升级实现绿色增长的核心矛盾：绿色增长分为三阶段进行，第一阶段核心在于落后产能的淘汰与清洁产能的建立，其中清洁生产机制与自愿减排是重要途径。第二阶段核心在于推动绿色新兴产业发展，以各地碳交易作为主要平衡基础，并辅以相关财政补贴，积极鼓励新兴绿色产业发展。目前，我国基本已进入第三阶段——全面转型阶段。该阶段下，需要对转型摩擦成本以及社会福利更全面考虑，绿色增长的包容性更显重要。

资本市场承担着在产业转型中实现绿色增长的重要角色。第一，基于合理评估体系，积极推动绿色项目投融资进程，持续完善绿色信贷政策与绿色债券、绿色信托政策，以金融服务实体。第二，合理创新并推出多样化碳金融产品，以期有效促进碳排放权定价的有效性与碳交易市场的流动性，使之充分发挥市场机制作用，促进绿色增长。第三，加强相关制度建设。例如，借鉴欧洲及韩国的发展经验，以资本市场大力推动 ESG 评估体系的落地应用。

基于本文研究，在未来，我国在推进产业转型升级并实现绿色增长的过程中需要着重关注四个方面。第一，兼顾考量政策力度与目标，关注目标设置可能导致的转型摩擦风险、政策激励不足以及协调困难导致的执行效率低等问题，建立稳中有进的绿色增长政策体系。第二，合理协调新旧能源更迭节奏，以尽量低的转型摩擦成本实现绿色增长；如何合理协调新能源进场与旧能源退场的步伐节奏、如何通过产业体系发展大幅提升新能源的实际替代能力，是底层能源转型中需要考虑的两个重要问题。第三，以政策激励及引导为先行，随后逐步退坡并借力于市场。第四，兼顾福利、包容性和可持续性。

资本市场服务"专精特新"中小企业发展研究

国信证券股份有限公司[*]

近年来,党中央和国务院对发展高质量的"专精特新"中小企业给予了高度重视。如何更好地支持"专精特新"中小企业发展,是全球普遍面临的难题,其中解决好中小企业的融资问题尤为重要。目前,中国多层次资本市场体系有待完善,直接融资市场有待扩大,资本市场的包容度和适应性有待提升。基于此,本文以解决"专精特新"中小企业发展过程中面临的融资问题为出发点,在总结境外资本市场在服务以"专精特新"为代表的中小企业的一般规律和现实经验的基础上,对中国资本市场服务"专精特新"中小企业发展的现状进行深入分析,提出当前存在的现实问题,并分别从发展规划的顶层设计、多层次资本市场的体系建设、金融产品的创新与丰富、中介机构的核心能力建设等角度提出相应的对策建议。

本文认为,充分借鉴和吸收境外资本市场的经验,大力发展多层次资本市场、健全完善市场基础制度、提升市场包容性与活力、落实中介机构主体责任是促进资本市场服务"专精特新"中小企业发展的关键要素:第一,境外资本市场在多层次资本市场支持、上市和退市制度建设、风险投资市场培育、产业引导基金运行等方面提供了丰富的制度借鉴;第二,中小企业融资体系不健全、融资渠道单一、融资比重较小等问题是制约"专

---

[*] 课题负责人:张立超,国信证券经济研究所研究员。课题组成员:薛冰、卢宗辉、林珊珊、白云。

"精特新"企业发展的主要障碍，亟须从资本市场层面予以解决，以提升资本市场服务实体经济的质效；第三，目前中国多层次市场结构有待完善，直接融资比重有待提高，因而需要着力健全资本市场制度本身，持续丰富"专精特新"中小企业的服务层次、产品种类及融资路径，更好地支持"专精特新"企业发展。

党的二十大报告提出"高质量发展是全面建设社会主义现代化国家的首要任务"，并进一步提出了构建高水平社会主义市场经济体制等五大方面的工作部署，这其中"支持专精特新企业发展"被重点提及。事实上，"专精特新"中小企业发展是建设现代化产业体系的重要内容，也越来越成为经济发展行稳致远的新动能，资本市场有责任、有义务把广大"专精特新"中小企业服务好。因此，现阶段深入开展资本市场服务"专精特新"中小企业发展的课题研究，不仅有助于促进"专精特新"中小企业更好地成长壮大，也对于资本市场更好地赋能实体经济发展具有重要的指导意义。

本文的创新点主要包括以下两个方面：

一是研究视角新。以往的研究大多从行业和企业维度关注专精特新本身的分布特征、培育现状及发展重点，但从资本市场角度出发研究其如何服务专精特新企业发展的研究相对较少。本文借鉴德国"隐形冠军"、美国"利基企业"、日本"全球高利基企业"、韩国"中坚企业""强小企业"等境外市场的发展经验，从资本市场的制度建设视角入手，指出中国要着力拓展多层次资本市场的覆盖广度，加强资本市场基础制度的完备性，提高资本市场监督与治理能力，进一步增强上市的可预期性，持续完善多层次资本市场的功能，来解决"专精特新"中小企业的融资问题。

二是方案设计新。对于如何更好地提升资本市场的服务效能，解决好"专精特新"中小企业融资难问题，提出相应的解决思路并给出完整的政策建议的研究相对甚少。本文针对资本市场服务"专精特新"中小企业发展过程中存在的问题，在充分考虑现状与借鉴境外经验的基础上，从顶层设计高度提出要服务好"专精特新"中小企业发展，必须持续健全夯实资本市场制度。

本文提出以下政策建议：

首先，要做好资本市场服务"专精特新"中小企业的发展规划，打通"专精特新"企业的融资"痛点堵点"，为"专精特新"企业提供更加便捷的金融服务。一是拓展多层次资本市场的覆盖广度，为不同发展阶段、不同规模的"专精特新"中小企业形成有效匹配的资本市场融资环境，更好地满足不同类型"专精特新"企业的融资需求；二是加强资本市场基础制度的完备性建设，通过对发行上市、登记结算、并购重组、再融资等基础制度的完善，提高其多元化和包容度；三是提高资本市场监督与治理能力，围绕发展与规范并重，保障中国多层次资本市场的高质量发展；四是进一步增强上市的可预期性，持续提高上市规则和流程的透明度，建立完善"专精特新"中小企业与监管部门的沟通渠道。

其次，要进一步完善多层次资本市场建设，采取落实全面注册制改革、做大做强北交所、发展区域性股权市场和柜台交易市场、搭建顺畅的转板机制等多种措施，丰富"专精特新"中小企业服务层次。一是落实全面注册制改革，提升全市场对"专精特新"中小企业的包容性建设，建立成熟的法律法规体系、合理的投资者结构、完善的退市制度；二是做大做强北交所，要围绕持续拓宽市场覆盖面、丰富多元化的投融资产品体系、构建专业化的服务平台、推动出台混合交易制度等方面，提升北交所服务"专精特新"企业能力；三是发展区域性股权市场和柜台交易市场，积极筹建设立"专精特新"专板，培育"专精特新"中小企业群体；四是搭建多层次市场之间顺畅的转板机制，抓紧制定和健全关于转板相关的法律规章制度，激发"专精特新"中小企业发展动能。

再次，要充分发挥资本市场作用，创新和丰富"专精特新"股权债权类金融产品，加大对并购重组的支持力度，大力发展"专精特新"中小企业并购市场。一是要大力发展私募股权和创投基金，积极完善创业投资引导机制，围绕处于不同成长阶段的"专精特新"企业的差异化投融资需求，建立投贷联动模式；二是要加快发展债权融资，构建政府主导、市场运作、社会参与的直接融资平台，出台并细化政策，支持符合条件的"专精特新"中小企业通过企业债等债务工具开展直接融资；三是要通过设立

"专精特新"产业专项基金,以"股权+债权"的综合融资服务机制,围绕"专精特新"企业的差异化融资需求,形成股权投资与融资担保贷款的双向联动机制;四是推动"专精特新"中小企业以并购重组的方式实现整体上市或主业上市。

最后,要持续压实证券中介机构责任,积极搭建资本与项目的对接平台,不断推动专业研究能力建设,全面提升证券中介机构对"专精特新"中小企业的综合金融服务能力。一是加强证券中介机构综合金融服务能力建设,提升对"专精特新"中小企业各类需求的覆盖面;二是持续压实证券中介机构责任,不断提升保荐的专业能力和执业质量;三是积极搭建资本与项目的对接平台,畅通创新资本的对接及退出渠道;四是不断推动专业研究能力建设,做好行业主题研究、新兴产业和未来产业价值链条研究、方法论研究以及"专精特新"企业的定价研究,为"专精特新"中小企业发展提供智力支持。

民营企业债券融资支持机制完善研究

红塔证券股份有限公司[*]

党的二十大报告提出要优化民营企业发展环境，依法保护民营企业产权和企业家权益，促进民营经济发展壮大，民营企业在我国国民经济中的地位举足轻重。2022年的政府工作报告特别强调要"完善民营企业债券融资支持机制"。本文以民营企业债券融资市场作为研究对象，探寻我国民营企业债券融资市场的发展路径，从中找到民营企业债券市场所存在的问题，并总结吸收海外成熟企业债券市场的经验，研究进一步优化民营企业债券融资支持机制的解决措施。

我国的民企债券市场发展大致可以分为三个阶段：第一个阶段是1986—2002年，这一时期在社会主义市场经济的推动之下，债券市场应运而生。但这一阶段更多是对于债券市场基础的奠定以及制度的探索，与民营企业债券融资相关的配套法规尚未完善。第二个阶段是2003—2016年，债券市场法律法规和相关制度的建设和完善为民营企业债券市场的发展和相关融资工具的创新奠定了坚实的基础，民营企业债券的地位也开始逐步提升。同时，相关创新工具层出不穷，我国的民营企业债券融资市场快速发展，整体规模迅速扩张。第三个阶段是2017年以来，随着市场环境变化，民营企业债券发行规模萎缩，民营企业违约增加。为了解决民营企业的融资难题，一系列支持政策也相继推出，2019—2020年民企债券融资问

---

[*] 课题负责人：李奇霖，红塔证券证券研究所所长、首席经济学家。课题组成员：殷越、卢婉琪、杨欣、潘谷雨。

题得到了一定程度的改善。但受疫情等多重因素影响，2021年以来，民营企业债券融资仍面临一定的困难。

通过分析我国民营企业债券市场的现状，目前民营企业债券市场主要有以下几点问题：第一，债券融资要求日趋提高。现阶段民营企业发债门槛较高，致使很多民营企业即使有发债的意图但达不到发债的条件，而且企业债券发行的流程也比较漫长，项目推动面临着多方阻力。第二，信息披露制度以及投资者保护制度有待完善。目前，我国信息披露尚不完善，并且整体来看民企债券违约后其清偿率低、追偿难，反映了我国投资者保护制度不够完善，不利于债券市场的健康发展。第三，评级质量有待进一步提升。一方面，信用评级存在虚高现象；另一方面，信评机构对债券以及发行人信用资质变化的预测前瞻性不足，这主要体现为评级机构跟踪评级不及时不准确。第四，高收益债市场基础设施有待进一步完善。目前，我国缺乏专项支持民企债的高收益基金资管产品，而且当前不论是增信工具还是资产证券化等金融创新工具对民企债的支持力度都有待提升。

就如何解决目前我国民营企业债券融资所面临的问题，我们借鉴了美国与日本债券市场的经验。

在美国的债券市场中，高收益债具有比较大的借鉴意义。综合来看，美国高收益债券市场具有以下特征：一是美国高收益债可根据自身情况选择差异化发行和披露方式；二是美国高收益债有成熟的约束性契约条款和投资者保护制度两方面；三是拥有客观、科学的信用评级体系和独立、专业的信用评级机构；四是信用衍生产品机制比较成熟。参考美国经验，综合我国债券市场发展的具体情况，可以借鉴的具体措施主要有以下几点：第一，完善私募发行制度以及伴随的发行人信息披露制度和合格投资者制度；第二，立法层面上健全债权人保护机制，推进约束性契约条款在民营企业债券发行中的运用，特别是加快完善债券出现违约风险以及发生实质性违约后债务处置阶段的政策机制；第三，继续巩固发展、探索科技创新型民营企业的债券融资手段；第四，完善信用风险缓释工具的运行机制，提高市场信用风险管理水平；第五，完善信用评级机制，加强债券市场的信用管理。

日本债券市场的优势和特点主要在于：一是东京证券交易所设立了专门面向专业机构投资者的 Pro‑Bond 市场，推动日本公司债券市场进一步市场化；二是近年来日本特色信用担保体系持续完善，对于中小企业债券融资形成担保支持。日本企业债券市场对我国的借鉴意义主要在于：第一，应当持续推进公司债券发行制度创新，重点解决民营企业和小微企业债券融资难、融资贵的问题；第二，健全信用担保体系，一方面从法律层面推进对债券融资的担保增信，另一方面建立长期的资本金补充机制和风险补偿机制。

至于如何完善我国民营企业债券融资支持机制，本文建议如下：

第一，完善债券市场监管制度。一是要加强民企信息披露监管；二是要健全信用评级制度；三是要完善惩治机制；四是健全投资者保护制度。

第二，加大对民营企业的帮扶力度。一是要加强对民企债的增信机制，大力发展和运用信用风险缓释凭证（CRMW），进一步推动组合型增信工具发展，如组合型信用保护合约（CDX），降低机构的风险对冲成本、增强增信工具的流动性，大力发展外部增信方式，或者考虑重新推进中小企业集合债，为发展前景良好的中小民企拓宽融资渠道。二是鼓励各类金融创新产品提高民企债融资能力，鼓励民营企业积极开展可转债、ABS 等新的业务进行融资，提升民营企业融资效率。

第三，大力发展高收益债市场。一是要逐步培育风险偏好不同的多层次投资者，优化债券市场投资者结构。二是通过建立多层次的做市商联络网、缩短高收益债转售的时间限制等方式，多举措改善高收益债市场的流动性。三是进一步发展信用衍生工具，除了发展信用违约互换（CDS）、信用风险缓释工具（CRM）等工具外，还可以考虑发展高收益债的期权市场。四是完善高收益债市场的法律体系建设，特别是加快完善债券出现违约之后的处置机制。

开展 REITs 试点，促进高质量发展
——以上海基础设施领域为例

华泰证券（上海）资产管理有限公司[*]

根据《上海2035年城市规划》，上海市未来将加大交通运输、信息通信、租赁住房等基础设施投资。而基础设施投资不仅要重视投资规模的发展和总量目标的达成，也要重视投资质量的提升、运营能力的提升、专业机构的打造、激励相容的金融合作关系和可持续发展的环境。此外，在大规模的基础设施建设中，政府、行业和企业也面临政府财政支付能力、行业发展阶段、企业杠杆率水平、投资者资金配置需求和项目融资需求匹配度等一系列条件约束。在上述约束下，基础设施不动产投资信托基金（REITs）作为盘活存量带动增量的创新性金融工具，既能解决好量的问题，又能解决好质的问题。本文对上海市交通运输类、信息通信类、租赁住房类基础设施项目与 REITs 的适配性分别进行了剖析，并理性看待上述三大类基础设施项目发行 REITs 对政府、行业、企业的财务影响和非财务影响。

从交通运输类基础设施项目来看，在适配性方面，上海市收费公路以经营性为主，收费公路与高速公路概念高度重合。根据上海市交通委员会发布的信息，截至2021年末，上海市收费公路总里程682.8公里（不含已取消的收费公路，下同），其中经营性公路486.2公里，占比71.2%。此

---

[*] 课题负责人：司晓彬，华泰资管不动产基金部总经理。课题组成员：朱前、朱刚、汪李平。

外，682.8 公里的收费公路总里程中，高速公路 657.3 公里，占比 96.3%。在乐观、中性、悲观三种情形下，估计发行 REITs 可带动增量投资的规模为 103.26 亿—491.9 亿元。当评估增值率分别为 70%、50%、30% 时，上海市可满足 REITs 基本条件的收费公路资产规模约为 410.30 亿元、362.03 亿元和 313.76 亿元。在财务方面，对于政府层面而言，REITs 能有效化解地方债务问题，实现与政府和社会资本合作（PPP）的相互促进、相互补充，还能带动未来交运类基础设施的增量投资，并通过交易环节产生的企业所得税增加当地政府税收；对于行业层面而言，发行 REITs 可打开交通基础设施全行业的融资渠道，解决当前通行费收入不足以支付债务本息的问题；对于企业层面而言，发行 REITs 可以降低资产负债率，有助于高速公路企业从重资产转向轻资产运营。在非财务方面，对于政府层面而言，积极发行交通基础设施 REITs 有利于上海市政府践行国家战略安排、巩固上海市作为国际金融中心的地位、推动长三角一体化；对于行业层面而言，REITs 产品上市后，外部监督有助于提高自身效率和运营能力，主动管理模式有助于基金管理人发挥较好的监督管理作用；对于企业层面而言，REITs 有利于企业实现"轻重并举"的经营模式。

从信息通信类基础设施项目来看，在适用性方面，上海地区互联网数据中心（IDC）头部企业集中布局，优质资产存量丰富，且宏观政策明确支持数据中心 REITs 发行。2016—2021 年，上海地区传统 IDC 业务市场规模已从 78.9 亿元快速增长至 158.7 亿元，2021 年增速为 13.11%。本文以市场规模为起点，在稳健情形下，假设全部资产为自建形式且已达到稳定运营水平，估计最终可供发行资产规模在 150 亿元左右。在财务方面，对于政府层面而言，数据中心 REITs 发行阶段将为政府带来以所得税和印花税为主的税收收入；对于行业层面而言，REITs 将充分发挥二级市场的价格发现功能，推动数据中心资产整体价值重估；对于企业层面而言，数据中心的扩张依赖前期密集的资本投入，REITs 作为权益性融资手段，带来的现金流入将支持数据中心企业扩大资本开支，促进收入快速增长。在非财务方面，对于政府层面而言，积极发行信息通信基础设施 REITs 有助于协同推动数字产业化和产业数字化，全面提升数字消费能级；对于行业层面而言，数据中心作为正处于上升期的产权类资产，适宜采取 Pre – REITs 方式进行培育，而 REITs 恰能带动市场主体参与 Pre – REITs，激活行业生态；对于企业层面而言，数据中心企业在对接 REITs 发行后，可设立专门运营管理子公司对数据中心进行统一运维，实现经营模式全面转型。

从租赁住房类基础设施项目来看，在适用性方面，上海市市委、市政府高度重视保障性租赁住房发展工作，我国住房租赁市场在政策的大力支持和市场的积极反应下逐渐发展壮大。根据《上海市住房发展"十四五"规划》，全市计划在"十四五"时期，形成供应租赁住房超过 42 万套（间、宿舍床位），占供应住房总套数的 40%。经测算，2022 年保障房建安投资约为 202.9 亿元，土地购置投资约为 36.3 亿元，加总两项总投资约为 239.2 亿元，而 2023—2025 年年均两项总投资约为 106.5 亿元。结合目前 4 单已上市租赁住房 REITs 的净回收资金平均带动增量投资的资本金比例情况，保守估计，上海市可供发行租赁住房 REITs 的保障性租赁住房带动的增量投资为 88 亿元。在财务方面，对于政府层面而言，租赁住房 REITs 可化解地方债务风险，同时增加税收；对于行业层面而言，REITs 可实现住房租赁资产的再融资、再投资和再扩张，与租赁住房长期持有的商业逻辑及资金需求匹配；对于企业层面而言，发行 REITs 获得等价现金资产时，无须提供差额补足、兜底、回购等增信措施，从而真正改善资产负债表，增强再融资、再投资能力。在非财务方面，对于政府层面而言，保障性租赁住房的蓬勃发展将吸引人才，为政府"补短板"和产业集聚创造有利条件；对于行业层面而言，基础设施 REITs 资本金来源的长期性与租赁住房资产天然适配，租赁住房行业可实现多主体供应、多渠道保障、租购并举住房制度的建立和完善；对于企业层面而言，REITs 有助于房企转型并落实租售并举战略、培育持有型产业资本，真正实现"产融结合"。

针对以上分析结果，本文提出以下四点建议：

第一，横向协调，建立项目合规性补足的系统性协同机制。建议上海市发改委牵头建立横向协调地方相关主管部门的协同机制，对于 REITs 转让限制解除、用地手续等共性问题，形成合规性补足的操作规范。对于重点项目成立专班，并派专人跟进，能够有效扩大可发行 REITs 的资产范围并提高 REITs 试点申报的效率。

第二，以终为始，建立健全规范固定资产的投资和管理体系。对于新投资的基础设施项目，上海市政府和相关主管单位需严格规范管理，从源头把握项目手续的完备和规范，以 REITs 的审批要求倒逼规划、建设、运营各环节的制度化和规范化。

第三，再上层楼，打破部门藩篱，整体盘活存量资产。对于保障性租赁住房等单体资产规模较小、发展刚刚起步的行业，因其持有资产规模难以达到 REITs 首发及扩募的规模要求，故需通过上一级的控股单位或国资主管单位整合多家企业资产的方式发行 REITs。

第四，提升内功，聚焦产业，回归基础设施题中之意。基础设施 REITs 作为资产的上市平台，其价值应置于长周期环境中考量。唯有真正解决城市发展痛点的基础设施及相关企业才有生命力，才能打造长效的基础设施 REITs 平台。

我国基于公募 REITs 的新基建产业升级路径及政策建议

新华基金管理股份有限公司[*]

当前中国面临百年未有之大变局，受宏观经济形势、新冠疫情、房地产调整、控制地方隐性债务等多方面因素的影响，全国大部分地方政府的财政都存在困难。而新基建需要大量资金的投入，解决新基建资金来源的问题尤为关键。那么，如何适当鼓励地方政府合理融资以支持开展基建投资？如何帮助国家实现产业结构转型升级？如何发挥资本市场融资定价功能以有力推动国内大循环？通过相关研究我们认为，公募 RETIs 是方法之一。

一方面，改革开放以来，我国经济经过40多年的快速发展，开始进入增速换挡期，这既需要通过转型升级和扩大内需等方式为经济寻找新动能，也需要稳妥化解存量风险、积极盘活存量资产、提高资金使用效率，为经济的转型升级赢得时间窗口，保持经济韧性；另一方面，我国处于数字经济爆发前夜，新型基础设施建设作为数字经济的发展基石、转型升级的重要支撑，"新基建"的推进是促升级、优结构、提升经济发展质量的重要环节。从总体规模看，未来5年新基建预计将拉动直接投资超10万亿元，考虑上、下游配套投资和溢出效应，未来前景广阔。

政策方向上也对新基建加大了扶持力度。党的二十大报告提出，"优

---

* 课题负责人：翟晨曦，新华基金原董事长。课题组成员：于春玲、张霖、李赫、刘龙龙。

化基础设施布局、结构、功能和系统集成，构建现代化基础设施体系"，基础设施是经济社会发展的重要支撑，具有战略性、基础性、先导性作用。2022年4月26日，习近平总书记主持召开中央财经委员会会议时强调，"必须认识到我国基础设施同国家发展和安全保障需要相比还不适应"，这表明我国基建任务还没有完成。中国基础设施虽然总量全球领先，但仍存在人均不足、区域分布不均衡、结构分布不均衡的问题，存在着"补短板"的需求。

在国内经济转型和增速换挡的窗口期，公募REITs能够盘活基础设施的庞大存量资产，助力降低地方政府和企业的杠杆率，为新基建的发展提供增量资金。基础设施公募REITs具备成为我国经济"稳定剂"的潜力，能够助力我国经济转型升级，推动经济实现高质量发展，所以当下推出基础设施公募REITs恰逢其时。

总结境外经验，我们发现REITs的推出时点具较强的规律性：经济较为发达的国家，在经济长期低迷时出台REITs以促进经济发展，如20世纪60年代的美国，20世纪90年代的加拿大、日本，21世纪初期的法国、德国、意大利，2008年金融危机之后的匈牙利和爱尔兰等；经济增长较快的新兴经济体，在面对经济危机时出台REITs，如1990年经济危机后的巴西，1998年亚洲经济危机后的新加坡、韩国、中国香港、马来西亚，以及2008年金融危机之后的西班牙、芬兰等；经济高速增长的发展中国家，在经济增速从高速逐步放缓的时候出台REITs为经济增长提供新动能，如泰国、巴基斯坦、肯尼亚、印度等。

公募REITs作为一种战略性资本工具，能够有效缓解重资产对发行人的负担。通过发行基础设施REITs盘活资产，将收回资金用于新的基础设施建设，新的项目获得稳定的回报后能够再次进入REITs市场，形成闭环，因此公募REITs对存量资产的帮助具有乘数效应，以良性循环的方式促进经济健康运行。在新基建背景下，推出以基础设施作为着眼点的具有中国特色的权益型公募REITs，是结合当下形势做出的精准政策选择，是中国资本市场的又一次重大金融创新。

除了解决新基建资金来源这一问题之外，公募REITs还有其他诸多优势：公募REITs是新型的直接融资途径，能降低政府在产业升级、经济转型中的债务融资比例，优化资本结构；可以盘活大量的存量资产，打通退出渠道，大大提高资金的利用效率，形成投融管退的良性循环；可以降低负债率，可以不增加或者少增加债务并能实现扩大基建投资和产业升级的目标，相较传统融资方式可以有效地降低地方政府杠杆；REITs的出台从底层资产估值和二级市场交易两方面实现市场对基础设施的价格发现功能，可以引导政府有序、合理地配置资源。此外，REITs还可以改善基础设施资产的经营质量、增加居民的投资渠道、为政府增加合理税源等。

然而，我国公募REITs在与新基建结合的过程中会遇到许多新的问题：一是我国现有的基础设施中，绝大多数都是传统的交通、能源等基础设施，而数据中心、充电桩等新基建项目的规模相对较小，新基建REITs的基础资产来源较少；二是当前很多新基建产业还存在技术不成熟、市场及商业模式不明确等问题，无法在现行的政策要求下进行REITs融资；三是我国基础设施REITs的底层资产多数为政府、国企所有，而新基建的投资也需要发挥民企的优势，如何解决资金回收主体与投资主体不一致的问题也是重要课题；四是新基建行业中的特高压、城际高速铁路和城市轨道交通关系到国计民生，此类产品和服务施行价格管制，并未实现彻底的市场化，与REITs较为市场化的金融产品的定位存在错配；五是5G基站、特高压、城际高速铁路和城市轨道交通的持有主体主要为中央企业或者地方国企，该类企业融资成本较低，这些资产的持有主体可能缺乏发行REITs的意愿。

因此，在公募REITs助力新基建产业升级过程中，遇到一些问题亟待解决。针对这些问题，本文一方面围绕发行REITs的企业与对REITs进行管理的基金公司进行分析，以博弈论为基础，通过构建基金公司和企业博弈模型，寻找纳什均衡，并进一步缩紧假设，考虑完全信息和不完全信息、静态和动态的情况，深层次剖析REITs过程中难点及各主体博弈行为，从而得出两者的最优战略；另一方面，本文通过复盘海外REITs推进的经验，基于中国市场的特征，通过实证法，研究了海外知名的REITs案例，分析了国内已经上市的几只公募REITs产品，探讨了公募REITs发行的必要性、可行性、难点和对策。

  针对公募 REITs 发展过程中遇到的具体问题,如何发挥其在新基建产业转型升级中的作用,我们提出了针对性的建议:一是出台专门法律,简化产品结构;二是扩大支持力度,实现税收中性;三是拓宽资产类别,提升行业规模;四是降低规模要求,激发发行热情;五是放宽对新兴产业的要求,助力新基建发展;六是加强政策引导,培育专业人才;七是优化制度安排,拓宽投资群体等。

金融科技如何赋能资本市场服务专精特新企业研究

中国国际金融股份有限公司[*]

专精特新企业是技术创新的主力军,是我国实现稳定产业链、供应链,实现经济高质量发展的重要力量。以习近平总书记为核心的党中央高度重视和关心专精特新等中小企业的发展,先后提出了"推动中小企业提升专业化优势""培育一批专精特新中小企业"等一系列指示精神。

党的二十大开幕后,证监会系统党员干部积极学习讨论了二十大相关精神,并明确了"坚持和加强党对资本市场的全面领导,充分发挥多层次资本市场功能,更好地服务实体经济"的思想路线。对于资本市场而言,支持和培育专精特新企业成长,是新时代的使命和担当,更是走好中国特色资本市场发展之路的必经之由。

专精特新企业的发展壮大离不开金融体系的支持,但专精特新企业一般研发投入高、资金需求大,同时由于体量规模小、资产轻,较难以传统模式取得银行大额授信,而股权融资和债券融资作为资本市场的重要融资工具,在服务专精特新企业发展方面具有很强的互补优势,资本市场服务工具体系创新方兴未艾。经过多年的发展,我国已经形成了多层次资本市场,以多样化的工具支持专精特新企业发展。

目前,资本市场已经形成了股权市场、债券市场两大专精特新服务阵

---

[*] 课题负责人:潘伟,中金公司固定收益部董事总经理。课题组成员:张婷、赵昊、王霆、程超意、刘子豪、陆奕同、张温馨。

地，有效满足企业全生命周期的融资需求。股权市场以北交所为代表，北交所立足于服务符合国家经济发展需要的专精特新企业，目的在于提供一个门槛相对较低、市场活跃、能够真正为专精特新企业提供发展所需资金的平台，其制度设计兼具专业性和灵活性。债券市场则推出了双创债、科创票据、科创债、资产支持证券、小微企业专项金融债、小微企业增信集合债、高成长债等多种类型的创新债券品种，定向用于支持中小企业发展，对改善专精特新企业的融资环境、支持专精特新企业发展起到了重要作用。

但同时，专精特新企业拥有体量小、发展阶段早、行业赛道细分、信息数据繁杂等特点，在调研了57名资本市场一线投资人、投行从业人员后，我们发现资本市场在服务专精特新企业时，仍然面临覆盖效率低、服务成本高、信息不对称问题显著等诸多难点。

例如，股权市场方面，投行从业人员认为专精特新企业的服务难点主要在于"企业发展阶段偏早，规范化治理整改难度大"，此外"项目规模小、服务性价比低"也一定程度上会降低业务人员的承揽动力。债券市场方面，多数债券投资人认为，现有以财务指标为核心的信息披露制度难以充分反映专精特新企业特征，多数专精特新企业为创业型企业，以轻资产运营为主、主要持有知识产权等无形资产，财务表现相对较弱；目前在我国债券市场的信息披露体系中，暂未凸显专利等体现科技研发能力的非财务指标，因而难以准确、充分地体现专精特新企业的投资价值以及反映其经营和财务风险。

在此基础上，市场开始探索以金融科技提高资本市场服务专精特新的质效。整体来看，我国金融科技行业划分为三个层面：数据层是金融科技整个架构的基石和底座，海量数据支持金融科技蓬勃发展；技术层提供算法层面的专业技术支持，实现从数据到落地的转化；而应用层则是各个市场参与者使用金融科技手段实现的新兴业务形态。

数据层面，金融科技已囊括了产业、专利、工商、司法、发票、税务、财务、流水等各个维度的数据，海量数据处理已成为金融科技领域发展的重中之重，多角度、多层次建立企业画像；技术层面，金融科技采用大数据算法、隐私计算、物联网、区块链等先进技术，对上述数据进行加工、分析，将数据转化为对专精特新企业的洞察；应用层面，政府、证券公司、银行、科技公司等资本市场参与方积极探索金融科技培育赋能专精特新企业的应用场景，根据自身的业务需求、依托于金融科技手段针对性地服务专精特新企业，以突破传统服务模式面临的覆盖效率低、服务成本高、信息不对称等痛点。

例如，北京市中小平台依托于"北京通 App 企服版"，围绕政策统筹、服务统筹、数据统筹和平台统筹四大统筹提供各项服务治理；中金公司打造"中金火炬云平台"，从"平台、数据、孵化、赋能"四大维度，围绕企业成长、成熟周期中的场景提供综合服务，实现"以模型量化企业资质、以平台串联金融服务、以科技加持企业成长"；建设银行推出惠懂你App"创业者港湾"，借助金融科技力量，采用"线上＋线下"相结合的方式，实现批量获客、精准风控、快速审批；京东科技基于在供应链金融领域 10 年的沉淀累积，打造综合型一体化的"供应链金融科技平台"，将自身的供应链金融科技能力对外输出，以服务更多客户和合作伙伴。

基于上述分析，针对"金融科技如何赋能资本市场服务专精特新"这一问题，我们从政府部门、专精特新企业、资本市场、投资机构、金融科技服务商五大角度分别提出了相应建议：对于政府部门，建议在数据方面，试点开放政务数据，打造全国性的专精特新企业数据库；在服务方面，加快数字化服务平台建设，汇聚资源培育专精特新企业；在政策方面，积极运用金融科技，赋能政策精准滴灌。对于专精特新企业，建议提升数字化意识，加快数字化转型；提高数字化能力，加强数字化基础设施改造，减少资本市场服务的摩擦成本；培养数字化人才，优化企业人才结构。对于资本市场，建议金融机构以金融科技手段，助力专精特新企业金融服务创新，发行机构可依托人工智能技术提高金融产品发行效率，监管机构可积极引导金融科技赋能资本市场提质增效。对于投资机构，建议探索应用金融科技提升投融资评估效率，运用智能投后管理，动态监控潜在风险。对于金融科技服务商，建议一方面精益求精，持续探索前沿金融科技技术应用；另一方面组建金融科技服务生态联盟，集成数据、融合技术，提高专精特新企业全景画像能力。

资本市场参与"双碳"治理研究

中国银河证券股份有限公司　中国社会科学院经济研究所[*]

中国已向世界做出力争于 2030 年前实现碳达峰、2060 年前实现碳中和的庄严承诺。当前，我国"双碳"产业发展依然是以银行信贷为主，且总融资规模距离百万亿元"双碳"资金需求尚存明显缺口。"双碳"发展是一场集能源科技、低碳科技、零碳科技的技术变革，表现出资金投入大、研发周期长、不确定性高等特征。因此，仅仅依靠以银行为主体的间接融资金融服务体系已远远不能满足"双碳"产业对资金的需求，急需资本市场充分发挥直接融资、碳价格发现、优化要素资源市场化配置、防范化解风险等功能，将长期低成本的社会资金引入"双碳"领域。在此背景下，探讨如何合理推进资本市场更有效地参与"双碳"治理，是我国经济高质量发展面临的重大课题。

本文关注的核心问题是资本市场如何参与"双碳"治理。为回答该问题，本文基于"双碳"目标下的碳减排路径，对资本市场参与"双碳"治理的微观机制和传导机制进行分析，从理论层面论证了资本市场参与"双碳"治理的重要性和可行性。

首先，从监管层、上市公司本身、机构投资者和中介机构四个主体出发，全面详细地描述了资本市场参与"双碳"治理的实践现状。主要结论如下。

---

[*] 课题负责人：解学成，银河证券研究院副院长（主持工作）；张平，中国社科院上市公司研究中心主任。课题组成员：王莹、马宗明、张自然、肖志敏、武赞杰、王宏森、张小溪。

第一，通过梳理"双碳"治理相关政策的发展情况发现，中国与ESG环境、社会和公司治理相关的制度建设虽然起步较晚，但是发展迅速，我国已经逐步将ESG列入企业发展应披露的内容之一，加大对可持续发展理念的重视，有助于优化投资生态环境。第二，上市公司践行"双碳"治理也取得了一定进展。从上市公司的ESG评级特征来看，银行和非银金融行业ESG总评级分数较高，上证主板的ESG评级均分最高，所属沪深300指数的上市公司ESG评级分数最高。随后选用特斯拉发布的影响力报告作为案例，与A/H股乘用车上市公司发布的CSR报告作对比分析发现，特斯拉ESG报告的信息披露更为完善，提供详细的注释、测算模型和关键指标索引，且外审、内审机制都很健全。第三，通过分析机构投资者主要是基金领域践行ESG的现状发现，我国ESG主题产品以ESG公募基金为主，规模及数量总体呈上升趋势，但是以泛ESG主题基金为主，主动权益型基金是权益类泛ESG主题基金发展的中坚力量。ESG主题基金在规模和数量上均远远落后于泛ESG主题基金，仍有较大的提升空间。第四，通过研究中介机构践行"双碳"治理的实践发现，证券公司作为资本市场中介机构的重要组成，利用好投资银行效能能够帮助绿色企业直接融资，通过发挥资本的中介作用有助于引导资金向低碳上市公司配置，发挥金融机构作用来促进碳排放权交易市场健康发展；另外，证券公司积极开发碳金融工具，也为激活碳市场流动性贡献力量。

其次，从理论层面，资本市场可充分发挥融资功能、优化配置功能、价格发现功能、企业培育功能、风险共担功能和监督功能等，通过绿色资产识别和融资约束缓解等传导机制来推动经济的高质量发展，助力实现碳达峰和碳中和。

再次，本文采用上市公司数据，构建双向固定效应模型进行实证检验。企业降低碳排放量或者提高节能降碳的效率是"双碳"治理的根本目的，使用企业碳排放量和碳排放强度作为衡量"双碳"治理效果的指标，上市公司ESG表现作为衡量"双碳"践行水平的指标，试图通过回答上市公司提高ESG实践水平是否促进企业减排和承担社会责任，来检验资本市场的"双碳"治理效果。进一步从资本市场投资倾向和企业融资两个视角切入，检验上市公司提高ESG实践水平能否得到资本市场青睐和融资成本降低，进而厘清资本市场参与"双碳"治理的作用机理。

本文的实证逻辑如下：资本市场参与"双碳"治理的重要工具是ESG，当前ESG已成为资本市场贯彻"双碳"目标、推动绿色金融的重要抓手。对于企业而言，企业提高自身ESG表现和可持续发展能力能否实现社会价值与经营发展的"双赢"，是企业是否具有可持续ESG发展的内在动力的关键。即如果较好的ESG表现能够得到资本市场青睐和融资成本的降低，那么加大在可持续能力建设上的投入便会成为企业经营的自主选择；反之，如果较好的ESG表现不能带来正面回馈，则会损害企业的积极性，进而对经济绿色转型的可持续性造成不利影响。

研究后得出以下结论：

第一，上市公司ESG表现越好，节能降碳的效率就越高。这一结论说明了上市公司进行ESG信息披露、进行ESG实践确实可以促进企业减排和承担社会责任，具有积极的社会影响。以上结果印证了虽然有些企业进行ESG实践的目的是在公众面前树立良好形象，采取象征性行动进行"绿色清洗"和建设"面子工程"来获得更高评级，但大部分企业的ESG实践对企业减排还是具有实质性正面促进作用的。因此，积极推动上市公司ESG信息披露，提高上市公司ESG评级，是资本市场参与"双碳"治理的有效途径。

第二，上市公司ESG表现越好，被纯ESG基金重仓的概率越大，但与泛ESG基金重仓的概率无明显关系。这说明上市公司较好的ESG表现有助于得到资本市场青睐，但是这一正向反馈效应在实践中有限。实践中，泛ESG基金是资本市场中ESG相关产品的主要构成。因此，ESG投资产品的信息披露不足，缺乏规范与标准，使资本市场存在发掘ESG优质公司的有效性不足，甚至有一定的"漂绿"嫌疑。

第三，企业进行ESG实践能够降低股权融资和债务融资成本，环境、社会责任或公司治理单方面的实践均有助于获取相对便宜的股权融资，但只有环境方面的实践对债务融资成本有明显的降低作用。股权市场呈现的更是自下而上的市场特征，自ESG投资在我国资本市场兴起，ESG理念逐渐成熟，资本市场对于环境、社会、公司治理三方面的关注均较为重视。因此，相对债务融资，ESG相关信息在股权市场传递更为迅速、渗透更为广泛。

最后，根据研究过程和实证结果提出资本市场服务"双碳"治理的若干政策建议：

第一，尝试探索建设我国绿色股权标准。上交所、深交所、北交所三大交易所作为高度组织化的有形市场，牵头制定绿色股票标准。三大交易所适当引入第三方评估服务商，为即将上市或已上市公司进行绿色认证评估。监管机构应为绿色股票"贴标"计划各参与主体制定合规管理制度。在着手构建我国绿色股权标准的同时，中国金融机构（尤其是券商）可先行先试。

第二，完善"绿色证券"相关的政策法规。加快"绿色证券"信息披露强制性与规范化进程。适度放宽"绿色证券"发行上市的准入门槛，可以通过发起设立绿色主权债券或PPP模式下的绿色产业投资基金等多种方式引导社会资本投资绿色企业，形成吸引投资人积极参与绿色市场的制度优势。

第三，通过激励和约束机制引导绿色证券发行人提升信息披露透明度。通过资本市场业绩评价、贴息补贴等政策，激励金融机构增加绿色资产配置、强化环境风险管理，有利于提升金融业支持绿色低碳发展的能力。在逐步扩大强制信息披露主体及范围的同时，也要通过强化认证评估机构外部监督职能来约束信息披露主体，为投资者提供更加透明充分的投资决策信息，提升对"绿色证券"市场的信心。

第四，加大碳金融产品创新，激活碳交易市场流动性。证券公司应继续深化对区域碳市场的参与，除了直接参与区域碳配额现货交易外，还应积极布局碳远期、碳期货、碳期权等交易工具产品，积极探索碳做市、碳经纪、碳互换、碳中介、投资或收购碳资产管理公司等新型碳参与方式，为市场引入更多的流动性。

资本市场服务区域经济发展研究

中信证券股份有限公司[*]

  资本市场助力区域经济发展的效果和机制是政府和学术界广泛关心的研究话题。本文将"区域经济发展"细化为两个维度：一是"总量维度"上各区域的经济增长情况；二是"结构维度"上各区域内部的协同发展情况。本文通过文献梳理、计量回归分析、国内外案例分析等方法，深入研究了我国资本市场服务区域经济增长与协调发展的内在理论机制、发展现状、取得的成果以及现存的问题，并据此提出具有前瞻性和可操作性的政策建议。

  通过定量的回归分析方法，研究发现"资本市场发展程度"对"区域经济发展"有显著的正向影响。既有研究采用的资本市场发展程度的代理变量多集中在上市公司层面，如区域上市公司的数量、平均市值、市值与GDP之比、IPO筹资额、成交额等，这会引发反向因果等内生性问题。"区域内证券公司业务规模"和"区域内股权交易中心建设规模"更多地取决于地方政府的重视程度，与地方经济发展水平关系较小，因而能够较好地解决已有研究中存在的反向因果等内生性问题。

  本文创新性地采用了这两类相对外生的变量探究资本市场发展对区域经济发展的促进作用，并进行了丰富的稳健性检验，提供了较有说服力的实证结果：一是辖区内证券公司业务规模对区域经济发展的影响方面，本

---

[*] 课题负责人：程强，中信证券研究部首席宏观分析师。课题组成员：崔嵘、刘博阳、黄昕、玛西高娃、王希明、李翀、李想、张黎阳、贾天楚、韦昕澄。

文以省内证券公司资产、营收、利润、经济业务手续费净收入规模占 GDP 的比重作为核心自变量，探究其对省际人均 GDP 的影响。研究发现，省内证券公司业务规模对省际人均 GDP 具有显著的正向影响。上海市三大券商的发展案例也为此结论提供了进一步的经验支持。二是辖区股权交易中心建设规模对区域经济发展的影响方面，本文以省内区域股权交易中心挂牌家数作为核心自变量，研究发现省内证券公司业务规模对省际人均 GDP 具有显著的正向影响。贵州股权交易中心的案例也为此结论提供了进一步的经验支持。三是辖区上市公司规模对区域经济发展的影响方面，本文以省内上市公司筹资活动产生的现金流净额、省内上市公司股票成交金额、省内上市公司总市值占 GDP 的比重和省内上市公司总流通市值占 GDP 的比重作为核心自变量，研究发现省内上市公司规模对省际人均 GDP 具有显著的正向影响。广东省、河南省、陕西省上市公司发展的案例为此结论提供了进一步的经验支持。

结合丰富的国内外案例，我们发现资本市场服务区域经济发展存在四个有效机制：一是优质企业上市后可以获得更快的发展速度、更高的发展空间，还可以对当地经济产生巨大的"乘数效应"，如引领产业集群建设、积累优质人力资本、对当地企业形成示范带动效应等。国内层面，昆山政府对于培育上市公司高度重视，国家级光电产业集群的形成离不开友达光电的带动，园区内不断孕育新的企业在科创板上市，充分借力资本市场助力县域经济腾飞。国外层面，硅谷上市公司依托资本市场实现跨越式增长、通过资本市场独特的激励机制吸引优秀科技人才、聚集风险投资，合力将硅谷打造为高科技产业的摇篮。二是地方性金融交易平台为当地带来巨量资源的虹吸，有助于构筑区域的比较优势。国内层面，郑商所具有资金、企业、人才吸引效应，"郑州价格"为郑州带来巨大声誉，并拉动金融资源集聚将郑州打造为"区域金融中心"，带动郑州迈入"国家中心城市"的新赛道。国外层面，芝加哥商品交易所助力芝加哥成为美国第二大金融中心、带动生产性服务业发展与区域制造业转型升级，使芝加哥"二次崛起"。三是合肥"建投集团"与"产投集团"这两大产业投资平台在"合肥模式"的兴起中功不可没。合肥"新型显示器件""集成电路""人工智能""新能源汽车"这四大产业集群的发展过程中,两大产业投资平台在"龙头企业—大项目—产业链—产业集群—产业基地"的每一环节中均发挥了重要作用。四是 REITs 作为资本市场一项重要的创新工具,在产业园区的破局发展中发挥重要作用。REITs 助力张江高科盘活底层资产、从根本上解决"融资难"问题;提高园区的市场化经营程度,建立良性市场框架;助力园区转变"重开发,轻运营"的发展模式。

若将"区域"的概念从"城市"进一步延伸至"城市群",我们系统评估了资本市场支持京津冀、长三角、粤港澳和成渝四大城市群"产业升级"与"协同发展"的质效。研究发现:一是各城市群上市公司数量与市值均快速增长,高端制造业和战略性新兴产业在上市公司中的占比均有所提高,四大城市群产业结构转型升级态势明显,京津冀和长三角地区产业升级成果尤其突出。二是各城市群上市公司综合实力明显增强,具体表现在经营效率明显提升、融资状况稳步改善、创新能力显著增强、社会责任意识有所提高、国际竞争力进一步提升、重点产业成长性有所提高。但由于我国 GDP 增速中枢下移,且新冠疫情对部分企业的生产经营造成扰动,多数地区上市公司的盈利能力有一定程度的下降。三是各城市上市公司行业结构与城市群规划纲要中的契合度明显提高,不同省市的产业结构各有特色,互补格局初步形成,资本市场支持区域协同发展取得重要进展。其中,北京、上海、江苏、浙江、广东、四川地区的产业结构转型效果尤为突出。北京市智能制造、航空航天、自动化设备、技术研发、科技咨询、环保服务等产业的优势地位逐步确立,多数战略性新兴产业蓬勃发展。上海、江苏和浙江地区集成电路、生物医药、人工智能、电子信息、生命健康、航空货运与环境保护、纺织服装、智能计算、汽车制造等产业快速发展,高端制造业优势逐渐形成。广东省上市公司数量占粤港澳大湾区公司的比重明显提升,以新一代电子信息、半导体与集成电路、高端装备制造、汽车制造为代表的高端制造业上市公司数量快速增加,为港澳地区发展现代服务业提供强劲的工业基础。四川省科技创新主体和制造业产业集群实力明显增强,航空航天、能源装备、数控机床、工业机器人等领域发展态势良好,产业升级效应明显。

我国高收益债券市场建设及监管机制完善研究

天风证券股份有限公司*

高收益债券作为起源于境外的新兴债券品种，在国内已经过了十多年的研究和发展历程，目前我国已形成一定规模的高收益债券市场。但也应看到，我国高收益债券的研究和发展还存在一定的问题：一方面，目前尚无对于境内高收益债券的清晰定义，事关高收益债券发展的基础性问题仍未解决；另一方面，初步形成的高收益债券市场欠缺体系化，配套基础设施和监管政策有待完善。

本文首先通过对境外高收益债券发展历程的介绍，总结出境外高收益债券的共性表现和不足，以期为境内高收益债券市场和监管体系的完善与构建提供理论和实践基础。重点选取了颇具代表性的美、欧、亚三个区域的高收益债券发展历程作为研究对象：即美国、欧盟地区和亚洲的中国香港地区，总结出上述三个区域在高收益债券发展中的共性和不足，对于其中的共性，境内的高收益债券市场和监管体系可加以借鉴，对于其中的不足，应力求避免。

其次，通过对我国高收益债券市场实践的研究和多种高收益债券标准的探讨，提出我国未来高收益债券标准的构想——以发行人主体评级为主，兼顾对部分特定品种债券扬弃吸收为辅的标准。一方面，通过归纳总

---

* 课题负责人：洪琳，天风证券副总裁。课题组成员：付春明、张彬、谭佳妮、赵潇光、马学倩、王婷玉、江娜、冻若冰。

结和数据分析探讨了当前我国高收益债券市场的实践情况及面临的问题与挑战；另一方面，通过比较分析，分别从一、二级市场角度研究了几种比较常见的高收益债券划分标准及其优劣。综合考量各种标准优劣之处，本文认为，发行主体评级仍应是未来高收益债券的主要标准，理由有以下几点：一是发行主体评级标准明确，受市场、周期性、发行人意愿影响相对较小；二是高收益债券的差异化政策安排和制度试点需以边界清晰、相对稳定的市场作为前提；三是与国际市场通行高收益债券界定标准一致，利于全球化背景下与国际接轨，能够较为客观地反映标的风险大小。将对部分特定品种债券的扬弃吸收作为未来高收益债券的辅助认定标准主要是考虑到：一是单纯将未来高收益债券的认定完全取决于主体评级，在适用范围上过于绝对和机械，容易导致高收益债券范围的全面性不足；二是在当前我国的债券市场体系中，确实存在一些特定品种债券（如双创债、科创债、小微企业集合债等）在功能定位、发行主体、发行条件等方面与高收益债券在内涵上有类似之处，在未来高收益债券的认定标准中可予以借鉴吸收。本文在此基础上提出了适合我国未来发展的高收益债券认定标准，即以发行人主体评级为主，兼顾对部分特定品种债券扬弃吸收为辅的标准。

再次，从信用评级、担保增信体系和市场参与主体三个维度提出完善未来我国高收益债券市场配套基础设施的相关建议。通过对我国高收益债券市场实践的研究以及未来高收益债券认定标准的总结，本文认为首先须解决的问题是信用评级，只有完善了现有的信用评级体系，才能为落实高收益债券认定标准及建立明确的监管制度奠定基础。在债券信用评级体系及机制方面，建议一是要探索官方评级补充机制，完善评级机构评价机制；二是要优化评级机制，强化风险监测及预警效果；三是要加强评级机构监管，促进评级机构勤勉尽责。

为解决高收益债券发行主体融资成本高、发行难度大的问题，也要建设更为完善合理的担保体系。在担保机制及增信措施方面，建议一是要探索专利、商标、著作权等知识产权担保方式，丰富发行人自身偿债担保手段；二是要引入专门担保机构，多元化外部担保措施；三是要创新债项增信机制，引入债券保险、偿债基金。此外，为激活市场的流动性，应丰富高收益债券市场的参与主体，彻底释放高收益债券的活力，包括降低准入门槛限制，引入"明日之星"；丰富投资主体类型，适当降低集中度限制，拓宽资金流入市场渠道；完善做市商机制，提高高收益债券市场的流动性。

最后，从目标定位、监管框架和监管制度三个维度构建未来我国高收益债券的监管机制：目标定位方面，可通过高收益债券监管框架和监管制度的确立，在做好风险控制和投资者保护的基础上，使信用资质相对较弱的中小企业等市场主体可以更加便利地进行债券融资，以推动形成与投资级债券差异化的市场分层，避免中小企业在与高信用企业的融资竞争中被边缘化。监管框架方面，可进一步完善多层次监管体系，既有强监管规范，也有软监管约束，且涵盖了高收益债券的一、二级市场。具体的监管制度方面，以高收益债券发行、交易、退出流程为切入点，聚焦发行监管、信息披露和投资者保护三大方面的制度。其中发行监管主要围绕发行人资格监管展开，希望建立以发行人主体评级为基础，参照部分类型化的特种公司债券发行人条件为补充的复合型发行人资格监管制度；信息披露上，采取转变中介机构付费模式、强化转售阶段的信息披露文件质量、压实发行人和中介机构行政责任等手段优化高收益债券信息披露制度；投资者保护监管上，通过运用监管相关法规夯实高收益债券投资的信用基础、健全投资者转让流通高收益债券的配套措施以及完善违约债券交易制度等方式打造高收益债券的投资者保护体系。

场外结构化证券的基础制度设计研究

——基于场外债务融资工具的比较视角

中证机构间报价系统股份有限公司　华泰证券股份有限公司[*]

场外证券市场作为多层次资本市场必不可少的组成部分，是党的十九大以来国家金融体系改革深化发展的重要内容之一。场外结构化证券作为场外市场的重要组成部分，能够有效连接场外市场和场内市场、连接实体经济和资本市场，是加快构建多层次资本市场体系、大力发展直接融资、服务实体经济发展必须补齐的重要一环。

本文通过研究美国、欧洲、韩国以及我国香港及台湾地区场外结构化证券的发展现状和制度安排，梳理境外国家及地区场外结构化证券的市场概况、运行机制、发行流程、法律基础、监管实践，并结合我国场外结构化证券市场的机制基础与市场生态，对比总结我国场外结构化证券市场与发达国家与地区的实践差异，提出符合我国场外市场发展特征的政策建议。

第一，以美国、欧洲、韩国和我国香港、台湾地区为代表的场外结构化证券市场已发展多年，场外结构化证券结构日益丰富，市场发行量不断扩大，配套制度不断完善，已经形成了稳定的市场规模和完善的制度体系，其制度建设为我们提供了一定的经验：一是法律属性明确，制度体系健全，均已通过法律的形式确定了结构化产品的法律属性，并建立了较为

---

[*] 课题负责人：亢力，中证报价监测业务三部部门总监。课题组成员：加丽果、王倩、井维维、董晶晶、于子豪、孙祥霄、李京书、温晶、张晓强、郑仲民、苏晓、付治宽、姚成、吉蓝玉、韩鸣飞。

完善的法律制度体系。各国和地区对结构化证券监管的共同之处主要体现在产品的披露要求和投资者适当性上,一方面均明确了产品发行人信息披露的义务,另一方面建立了严格的投资者适当性制度,有些地区还要求强制冷静期,使投资者有充裕的时间进行理性投资选择。二是以自行登记结算为主的灵活模式,由发行人自主选择登记结算场所。由于结构化证券定制化的收益结构,在风险可控的前提下,灵活登记结算模式提高了结构化证券发行和兑付的便利性。三是投资者保护制度完善,投资者类型多样化,允许普通投资者参与投资结构化证券,并在一定程度上放宽对于专业投资者的适当性要求,且不设立特殊的认购门槛。四是发行交易机制完善,发行人在取得相应发行资质后就可以发行相关产品,产品发行时,发行人可以选择多个销售商,以拓展销售渠道。

第二,我国以收益凭证为代表的结构化证券市场不断发展,收益凭证业务作为证券经营机构探索新融资渠道的新型融资工具,经过近9年的发展,已成为证券公司重要的中短期债务融资工具之一,在风险管理、服务客户和丰富场外市场产品体系方面都发挥了重要作用,但相较于境外成熟市场仍有一定的发展差异:一是顶层设计不足。目前针对场外结构化产品缺乏统一的监管规则,对于结构化产品适用的上位法、部门规章缺乏明确的制度支持,从业务开展至今尚未出台规范收益凭证业务的监管规则,对收益凭证属性的认识不统一,缺乏明确的法律概念。二是具体规范不足。主要是产品结构设计、发行文件及信息披露文件管理方面的规范不足等。三是投资者适当性管理制度要求不完备。《关于规范证券公司收益凭证业务的通知》仅对非本金保障型收益凭证投资者适当性管理作出要求。

通过以上研究,本文认为,收益凭证是我国场外结构化证券的重要载体,发展好、规范好收益凭证业务是加快构建多层次资本市场体系、服务实体经济发展的重要抓手。但通过对境内外结构化证券市场的比较研究,我国的场外结构化证券的基础制度尚不能满足实践中收益凭证业务蓬勃发展的需求,需要进一步完善。

一是要明确界定收益凭证的概念和法律属性。我国《证券法》明确规定国务院有权判定该资本工具是否属于"证券",为收益凭证的法律适用也留出了一定的空间；我国《企业会计准则第22号——金融工具确认和计量》（CAS22）规定收益凭证中嵌入的衍生品应与基础金融工具作为一个整体，按照"应付债券"进行分类计量，从法律属性上看，非本金保障型收益凭证也具有债务融资工具的属性。据此建议监管机构可出台相关的部门规章或自律规则，明确收益凭证的定义以及证券的属性。

二是应加强对收益凭证结构设计规范与风险防范。一方面，从保护投资者权益角度，应当对收益凭证的衍生品特性加以管理，对于非本金保障型产品的投资者适当性、挂钩标的管理、合约设计、对冲管理等各项工作，参照场外期权或收益互换相关监管要求执行，明确产品设计的本金保障底线，防止证券公司将收益凭证业务作为变相开展场外衍生品业务的工具，从而实现对收益凭证业务回归本源属性的规范管理；另一方面，按当年待偿还收益凭证余额分别不超过证券公司净资本的一定比例，对收益凭证采取分级余额管理，夯实以净资本为核心的额度管理体系，将收益凭证纳入证券公司整体债务融资额度与期限结构进行统一管理。

三是规范收益凭证业务登记结算机制。当前报价系统集中登记和证券公司自行登记并行，与当前业务开展现状是较为契合的。从长远来看，可以兼顾从规范性与灵活性角度，推动维持现有登记格局的前提下解决收益凭证份额权属确认问题，对现有模式进行整合、优化。

四是建立符合场外结构化证券实质及实践的投资者适当性管理制度。现阶段，应当将收益凭证业务投资者适当性管理工作统一纳入证券公司投资者适当性管理工作中，对于非本金保障型的收益凭证，秉承"合适的产品卖给合适的人"，参照场外衍生品投资者适当性的标准管理，即非本金保障型收益凭证的投资者适当性提高至专业机构投资者。结合我国收益凭证业务整体风险状况，后续可借鉴境外国家或地区的经验适当放开本金保障型收益凭证认购门槛及投资者适当性要求。基于投资者的风险承受能力评估结果以及收益凭证风险等级的分级结果，确保投资者的风险承担能力与产品的风险等级相匹配。

本文的研究为我国场外结构化证券的规范发展夯实了理论基础，为监管机构、自律组织优化场外证券业务的规则体系、机制、措施和手段等工作提供了参考，也为加快构建多层次资本市场体系提供了实践支持。

基于同群效应的上市公司财务舞弊的识别及防范研究

海通证券股份有限公司　复旦大学经济学院*

历史上，典型的财务舞弊事件在国内外屡见不鲜。尽管各国政府、监管机构及专业组织一直努力采取措施遏制财务舞弊行为，但在巨大造假利益的诱惑下，财务舞弊行为仍呈现屡禁不止、手段日新的态势，给各相关方在识别、监测、防范财务舞弊行为上不断带来挑战。因此，研究上市公司舞弊决策的潜在原因、提高财务舞弊的识别效率，对于治理和防范舞弊行为、保护投资者利益、维护资本市场稳序运行至关重要，有助于提升上市公司质量，充分发挥资本市场"晴雨表"功能。

纵观财务舞弊识别方法的发展历程，"专家循证"和"基于金融科技的专家规则"一脉相承，而"基于金融科技的机器学习技术"是在人工智能领域的拓展应用，三者之间既层层递进又紧密相连。然而，在实际应用中，三者各具痛点和难点。"专家循证"法主要依托于财务专家的经验判断来执行，成本高且效率低下，并且高度依赖于专业分析能力。基于金融科技的专家规则技术，虽然在识别效率上有所提升，但仍面临全面性、前瞻性不足等问题。基于金融科技的机器学习技术，在识别的前瞻性和准确性上有明显的提升，但是现阶段的研究还是以初阶算法为主，存在较大的提升空间。此外，现有研究没有深究舞弊行为发生的底层机理，例如公

---

* 课题负责人：杜洪波，海通证券首席风险官。课题组成员：刘庆富、王岗、陆颂华、王晓平、郑凯鑫、张闻达、苏文博、马浩、章文利。

间财务舞弊行为的交互作用,而这些内在机理的研究往往对舞弊识别有重大帮助。

本文认为,要判断一家公司是否存在财务舞弊行为,首先需要从其被揭露的过程入手。揭露单位可以是各类利益及非利益相关方,但舞弊定性须以监管机构认定为准。此外,不同类型的监管措施还实质反映了舞弊的严重程度。本文根据财务舞弊的严重程度提出了五级分类法(5S),将涉事上市公司财报分为正常类、关注类、一般欺诈类、严重欺诈类、恶劣欺诈类五种类型。

在对财务舞弊行为的内涵及分类方法进行确定后,本文进一步研究财务舞弊行为的测度。目前,已有较多文献对新闻媒体在发挥公司外部治理机制方面的作用进行探讨。因此,可将新闻媒体报道作为测度财务舞弊行为的来源之一,若某上市公司和财务舞弊相关的新闻报道数量越多、占比越大,即可认为其存在舞弊的嫌疑越大。本文基于上市公司在某时间段内与财务舞弊相关的新闻报道数量和所有与上市公司相关的新闻报道总数量两个变量的比值,构建了"财务舞弊行为倾向性指数"(Financial Fraud Propensity Index,FFPI),对上市公司的财务舞弊行为风险进行量化测度。

为克服新闻报道因媒体权威性和内容相关性不同进而准确性存在差异这一问题,本文又将财务舞弊行为五级分类法(5S)和财务舞弊行为倾向指数(FFPI)进行结合,构建了综合性财务舞弊行为指数(Comprehensive Financial Fraud Index,CFFI)。在对 CFFI 指数的构建过程中,首先将与上市公司相关的财务舞弊新闻按照影响严重程度进行五级分类,对于不同等级的新闻赋予相应的财务舞弊严重程度乘子,最后将严重程度乘子与 FFPI 指数的测度结果进行综合测度量化。

上市公司的财务舞弊行为除了和自身的一些因素有关外,还会受到其他上市公司财务舞弊行为的影响,为进一步研究上市公司间财务舞弊行为的交互作用,本文基于文本相似度分析和复杂网络技术中的社团识别方法,对上市公司重新进行同群企业划分,以解决传统行业分类法无法准确反映上市公司经营相似性的痛点。先根据上市公司年报中的经营业务概要文本构建上市公司相似度矩阵,再转化为加权网络图,继而利用复杂网络中的社团划分算法（CNM算法）进行社团识别，隶属于同一社团的上市公司将被定义为同群企业。如果多个上市公司在经营范围上具有高度的相似性，那么在上市公司关联网络中就表现为小范围聚集的高密度连接关系，这些小范围聚集的上市公司节点会组成不同的群体。从实证结果看，CNM算法对于上市公司关联网络的群体划分具有较好的效果。

在对同群企业进行划分后，对上市公司的财务舞弊行为对同一群体内其他公司的影响展开研究。实验表明，财务舞弊行为的同群效应确实存在，并且这种同群效应表现为相互促进的传染效应。此外，这种财务舞弊行为并非需要被公开揭露或者被监管机构处罚才算定性，一些尚未形成广泛共识的财务舞弊端倪或者行业内的"潜规则"都可能增加上市公司实施财务舞弊行为的可能性。

基于对同群效应的研究，本文运用机器学习算法构建财务舞弊行为识别模型。输入变量方面，我们建立了财务舞弊风险因子库，包括15个财务因子、13个治理因子、8个市场因子和3个情绪因子，总共39个因子，这些因子被证明具有很好的对财务造假行为的解释力度，作为研究的基础特征集。识别模型的选择与优化方面，本文使用了一种基于堆叠泛化和半监督适应性学习的融合算法（SG-SAL算法），结合两者各自的优点，并同时解决其中某些参数设定过于主观的问题。SG-SAL算法的实现主要包括：多类学习算法预测、集成整合识别结果、反馈更新训练集、循环迭代预测（直至满足结束循环条件）四个步骤，每个步骤都会产生一次训练集的拟合结果和测试集的识别结果，并以上一次的识别结果更新原数据集作为下一步骤模型训练学习的输入。SG-SAL财务舞弊识别模型与传统识别模型的区别主要表现在特征集拓展和学习算法优化两个方面。实证研究发现使用SG-SAL财务舞弊识别模型相比于传统模型获得的预测效果得到明显提升。

本文总结如下：针对现有研究在舞弊样本选取或测度上较为单一、舞弊风险因子选择较为局限、舞弊识别模型构建较为简单等问题，基于监管措施类型和新闻报道文本优化了财务舞弊的测度方式，并根据同群效应理论和实证检验扩展了财务舞弊风险因子库，最后基于元学习中的堆叠泛化算法和半监督适应性学习算法提高了财务舞弊识别模型的识别效率。

　　本文基于同群效应的上市公司财务舞弊的识别及防范研究成果具有广泛的应用前景：一是完善注册制背景下上市公司信息披露管理体系。当前各类监管规则已经对信息披露提出了严格、完整的管理要求。但是，由于财务舞弊手段频繁变化、模式日趋复杂、隐蔽性不断提高，上市公司时常难以保障市场参与者获取及时、必要、充分的公开披露信息。为了满足投资者需求，提升财务舞弊识别的准确性，要基于对同群效应的研究，开展差异化信息披露管理，进一步规范信息披露标准，提升财务舞弊识别信息的丰富度，并加强信息披露管理执行力度。二是建立上市公司系统性舞弊风险研究和监测机制。习近平总书记在党的二十大报告中强调"完善现代金融监管、强化金融稳定保障体系"是我国金融体制改革的重要任务之一，因此，对于可能导致资源配置扭曲、系统性金融风险上升的"同群""传染性"财务舞弊现象，需采取及时有效的纠偏措施。首先，进行深度研究，对查实的舞弊企业及时开展同群效应实证分析，建立财务舞弊识别关联图谱体系，及时排查并锁定舞弊企业所属"群组"，通过"群组"挖掘潜在舞弊对象。其次，建立体系化的上市公司舞弊风险监控预警机制，通过建立"预警系统＋人工排查＋深层归因"的预警监控框架，实现舞弊风险监控工作的常态化和体系化。最后，开展综合性防范治理，通过强化诚信文化建设、完善法律法规、加大个案惩处力度等"组合拳"方式开展舞弊风险的综合整治，多措并举筑牢系统性风险防范屏障。

全面注册制背景下上市公司重组制度研究

华泰联合证券有限责任公司[*]

全面注册制背景下,上市公司重组更加强调以信息披露为核心,交易本身更体现出市场化的博弈过程。我国目前已形成了各板块特色发展、定位清晰的多层次资本市场体系,不同板块的上市公司具有不同的板块定位,对重组标的的行业定位、估值定价、产业协同等均有差异化要求。因此,研究不同板块上市公司重组制度的差异化安排与监管应对,对强化信息披露监管、提升信息披露质量、切实保障上市公司通过重组提质增效、做强做优做大,具有重要的实践意义。

本文对上市公司重大资产重组的制度体系进行了简要梳理,总结了注册制背景下上市公司重组的基本原则。信息披露是我国资本市场全面注册制改革的核心,也是上市公司重组的首要原则,上市公司需要在证券服务机构的配合下,以信息披露为纽带,向市场和投资人传递更有价值的信息。注册制下,市场参与各方的权利、责任进一步得到明确,逐步形成各方依法履职尽责并维护自身权益的市场环境。交易所着力构建公开、透明、可预期的审核机制,重点关注重组信息披露质量,并进一步明确了上市公司重组交易中证券服务机构的责任及履职要求。科创板、创业板及北交所等板块中对于标的资产的板块定位、行业及与上市公司的协同效应提出了针对性要求;同时,注册制板块鼓励上市公司在重组中采取市场化协

---

[*] 课题负责人:左迪,华泰联合证券并购部联席主管。课题组成员:马骁、劳志明、董光启、赵涔、樊灿宇、张涛、张延鹏、黄涛、贾明、刘雪、罗浩、张致毅、瞿真。

商交易要素，灵活利用并购重组实现跨越式、高质量发展。

本文分析了注册制板块上市公司重组概况，总结了当前注册制板块重组交易的特点。注册制改革试点以来，创业板、科创板及北交所上市公司重组交易较为踊跃，交易方式更具灵活性、决策定价更趋市场化、重组审核透明可预期，在支付方式、交易条款等方面相比此前规则均有所突破。同时，部分公司对注册制下重组制度规则的理解不够透彻，重组标的、重组方案或重组交易相关信息披露无法达到要求，或未能做好充分准备，或商业决策中不够审慎等，导致重组交易主动终止。注册制板块中上市公司重组实践表明，监管机构对重组交易的审核标准并没有放松，促进上市公司高质量发展仍是注册制下重组的重中之重。

估值与定价是重组交易的焦点与核心环节，科创板及创业板的板块定位决定了科创板及创业板公司在并购重组时的估值方法可能存在一定的特殊性。总的来看，注册制下的重组交易更多呈现出产业并购特征，且收益法为最终定价的主流估值方法，技术密集型行业可能获得更高溢价。科创板首次披露重组交易平均估值水平高于创业板，但已注册重组交易估值水平偏低，且低于主板平均水平。对于部分未来成长前景广阔的重组标的，可以鼓励使用更多元的估值方法，增加估值灵活性与包容度，如尝试在并购重组交易中探索收益法叠加二叉树等模型复合估值、分部估值等新兴估值方法。同时，结合标的公司的业务发展情况，应科学确定与业务相适应的评估参数，允许公司结合标的业务情况考虑永续增长率、协同效应等要素对估值进行调整，助力交易达成，使上市公司借助外延式并购实现战略发展。

业绩承诺和补偿是市场化并购重组交易博弈中的考虑要素之一，虽然制度上法定对赌的适用范围较小，但注册制板块重组实践中自愿进行业绩承诺的占比较高，大部分重组交易会作出自愿对赌安排。从执行效果看，业绩对赌机制对我国资本市场发展起到了一定的积极作用，但要防范重组业绩承诺可能存在的扭曲交易对价、助推估值泡沫、导致上市公司承担隐形成本、弱化整合效应以及牺牲标的公司长期发展等问题。为充分发挥业绩对赌机制的正向作用，可适当制定利益平衡举措，通过放开市场化交易的业绩对赌要求、推行或有对价支付等创新支付方式、构建以市场化为核心的交易定价机制等方式降低重组估值泡沫，平衡业绩承诺和并购后整合的关系。从业绩考核评价指标的角度来看，单一的净利润指标存在局限性，可考虑在设计业绩承诺考核安排时，引入其他针对性、多样性及可测量性较强的考核指标，以科学评判整合效果与风险。

支付方式的选择会对重组交易中企业的综合效益、财务状况筹划、经营效益及重组后的整合等多个方面产生影响，甚至决定重组交易的成败。注册制背景下，并购重组市场需要丰富支付方式的类型，以满足交易各方多维度的利益诉求，提升并购重组交易的市场化程度与效率，用更完善的支付制度体系保障注册制在并购重组市场的深入推行，激发并购重组市场的内在动力。现有的支付方式在多样性、融资渠道、股份稀释作用等方面存在一定的不足，可通过增加支付方式种类、扩展公司融资手段、允许股票支付与表决权委托/放弃相结合等方式满足交易各方的诉求。在重组交易的支付方式上，可考虑探索延迟支付机制，即将收购总对价分为首期转让对价和剩余或有转让对价两部分进行支付。延迟支付机制在并购交易中可以消弭双方因信息不对称而导致的估值差异问题，并能够对目标公司或资产的未来运营收益和风险进行合理分配，从而形成一种风险共担、利益共享的机制。同时，可以为延迟支付机制配套制定重组的储架发行制度，使其与业绩补偿机制形成良性互补，提升重组对赌机制的有效性，降低上市公司因信息不对称、收益和风险不匹配而承担的并购风险。

注册制下提升上市公司独立董事履职效能问题研究

——以独立董事民事责任为切入点

开源证券股份有限公司　北京浩天律师事务所[*]

全面注册制时代的到来，标志着证券市场迎来新阶段，以信息披露为核心的注册制，对上市公司治理水平提出更高要求。设置独立董事，不仅是《公司法》规定的治理要求，也是完善公司治理结构的制度安排；提升独立董事履职效能，不仅有助于切实提高公司治理水平，对于助力注册制改革也具有重要意义。但是，受制于独立董事角色定位不清、履职保障措施不足、责任体系不健全等理论和现实因素，独立董事履职积极性不足，履职效果与制度设计初衷和预期存在一定差距。基于此，独立董事民事责任承担现状与履职效能等问题有待进一步研究、明晰。本文从上市公司独立董事承担民事责任的角度出发，结合立法体系现状、诉讼实务、监管态势，围绕上市公司独立董事在注册制改革背景下履职效能问题展开研究，以期独立董事制度更好地发挥其应有之义，对推动注册制改革工作、构建资本市场良性生态带来有效助益。

本文以实证研究法、案例分析法为研究方法，以董事信义义务、民事责任归责机制等为理论基础，重点研究注册制下如何通过完善现行独立董

---

[*] 课题负责人：丁海筠，开源证券合规总监。课题组成员：史玉瑛、王琪、樊一璞、葛欣荣、肖莉、王翎。

事民事责任机制提升独立董事履职效能。具体包括：在独立董事制度层面，独立董事权责义务是什么，与其他有关主体权责义务如何划分；在独立董事民事责任层面，独立董事民事责任认定标准是什么，民事责任对履职效能影响是什么；在独立董事履职效能层面，履职效能现状如何，如何通过完善民事追责机制提升独立董事履职效能。通过实证案例及查阅相关法律制度及文献，本文梳理了我国现行独立董事民事责任对独立董事履职效能的影响现状，并结合当前独立董事责任有关规定与注册制下独立董事履职现实情况，在司法实践、监管政策、独立董事管理、投资者保护等方面针对性地提出通过优化独立董事民事责任机制提升独立董事履职效能的相关建议。

2021年，"康美药业案"引发市场各方对独立董事制度的讨论，这也警醒我们必须去重新面对和回答一些本源问题。若不能明确独立董事职能范围、角色定位，则难以对其民事责任进行深入探究。在实践中，独立董事与公司其他角色虽有一定的差异，但仍存在着职能重叠的现象，独立董事的法律地位、职权、履职内容及责任方面已很大程度上呈内部化趋势，职责混同以及权责失衡降低了部分独立董事履职的积极性和能动性，进而持续影响着独立董事履行效能。对独立董事角色定位作出清晰认定，才能明确其职能范围，认清其与公司之间法律关系之性质，才能准确分析独立董事对公司承担的民事责任为何。目前，独立董事应具有决策者和监督者双重属性，且其监督者功能应重于决策者执行和咨询功能。以此为基础，董事与公司之间法律关系应为信义关系，独立董事在公司中履行监督、决策效果更依赖于其个人内在道德判断和专业能力，违反信义义务的独立董事应承担侵权责任。

很长一段时间以来，独立董事履职普遍体现为被动、消极的状态，市场中也不乏独立董事因违规遭受处罚的案例，不断释放落实独立董事责任信号。在此背景下，梳理独立董事履职效能具有重要意义。在独立董事履职评价体系方面，遵循行为准则以及责任结果的一般规制逻辑，但是目前并未出台有关独立董事履职标准的专门法，从立法技术角度而言，也难以成文。在独立董事履职效能现状方面，其制度本身对于优化公司治理结构、保护中小股东权益等内容具有重要的作用。独立董事制度之意义，即能够超脱于公司管理层之外，也超脱于股东之外，独立地为公司正常经营运转提供服务。但现实中有多个相关司法案例涉及虚假陈述、重大遗漏，可见对于独立董事的行政处罚力度明显增强。对于独立董事制度而言，围绕其主体选任、履职程序、履职范围等，注定独立董事履职具有一定的局限性。

独立董事民事责任在《证券法》等法律规范中已有明确。《证券法》第85条下的独立董事是以推定的过错承担责任，这实质上是对独立董事责任的强化。当前相对严苛的归责方式与独立董事角色定位、义务来源理论相悖，也削弱了独立董事任职积极性、履职积极性。不论是连带责任还是比例连带责任，结合近乎无过错责任的"过错推定"归责原则，对于独立董事而言，民事责任的压力较大，这对于独立董事有效履职并不能起到正向激励作用。因此，独立董事责任制度应当以公正审查认定责任为目的，而非迫使包括独立董事在内尽可能多地对投资者承担责任。此外，应进一步明确与细化免责事由，完善民事追责体系，以便在独立董事制度建设方面起到正面效用，并更好地提升独立董事履职效能。

完善民事追责体系并提升独立董事履职效能要从多方面、多维度工作入手。首先，要进一步细化独立董事立法工作，明确独立董事履职规范的法定原则和标准，完善独立董事民事追责机制。在遵循责权统一原则基础上设计相关内容，独立董事应承担的民事责任必须充分考量实践中独立董事所面临之职权限制、报酬等问题，在民事责任的设置上应当遵循公平的法价值观念，保证独立董事所承担民事责任与其所享有职权之间保持相对平衡。尤其要注意区别独立董事与上市公司其他董事的责任，及时修正调整相关立法，统一归责原则适用标准。同时，要进一步完善独立董事民事责任认定标准，明确信义义务中注意义务、忠实义务的具体内容。

其次，要落实主体责任标准与司法实践统一，不仅要明确和统一与独立董事有关纠纷的司法裁判标准，维护司法公正、提升司法公信力，还要健全独立董事民事责任豁免机制，适当限制独立董事民事责任。

再次，要完善独立董事履职保障机制，通过健全独立董事考核与薪酬激励机制、强化保障独立董事知情权、加强独立董事人才培养与人才库建设、明确独立董事在公司治理结构中的职能定位、建立区别于董事责任险的特殊独立董事责任险产品等方式进一步完善保障机制。

最后，要构建提升独立董事履职效能的长效机制，加快完善相关独立董事配套制度，推动独立董事制度从有到优，进一步优化上市公司独立董事规则体系。通过积极探索完善和提升独立董事选聘机制、构建和完善独立董事履职评价体系、打通独立董事职业化发展与行业自律监管路径等方式，不断完善相关独立董事相关配套制度，持续提升我国公司治理体系和治理能力的现代化水平。

ESG 评级和投资研究

兴业证券股份有限公司*

ESG 投资是环境（Environmental）、社会（Social）、公司治理（Governance）投资理念的简称，不仅以传统分析框架中的财务绩效等因素来评价公司，更将环境保护、社会公益和公司治理方面的因素也纳入其中。从全球资本市场看，随着气候变化和绿色金融被各国纳入金融政策框架内，全球 ESG 投资体系逐步完善，ESG 投资规模不断扩大，ESG 评级标准日益丰富，ESG 投资策略愈加多样。ESG 指标已成为衡量企业可持续发展的重要指标，并逐步形成了以"标准制定—信息披露—评估评级—投资决策"为主体的 ESG 投资体系。根据晨星数据，2022 年全球 ESG 基金净流入额接近 1824 亿美元，其融资表现仍优于大市；加入联合国责任投资原则组织（UN PRI）的机构数量稳定增长，截至 2022 年底，UN PRI 的签署方达到 5309 家。在中国社会经济全面绿色低碳转型的背景下，ESG 投资理念与我国"创新、协调、绿色、开放、共享"的新发展理念相契合，因此在国内也日益受到关注。相较海外发达国家的成熟市场，国内 ESG 投资起步较晚，仍存在诸如统一标准欠缺等问题，但 ESG 投资得到了政府、监管机构和市场投资主体的重视，迎来了新的发展机遇。根据新财富统计，截至 2022 年底，国内存续的 ESG 相关主题的公募基金达到 204 只，同比增长 71%；国内签署 UN PRI 的投资机构达到 123 家，2022 年新增 42 家。

随着 ESG 投资在我国的兴起和发展，用于评价企业在 ESG 方面的表

---

* 课题负责人：黄奕林，兴业证券副总裁。课题组成员：薛成、王珮琪、雷靖宇、罗玉。

现、帮助投资者识别风险并获得长期回报的ESG评级体系的重要性逐渐凸显。国际ESG评级机构在对我国企业进行ESG评价时容易"水土不服"，亟须发展培育符合中国企业发展阶段和发展特点的本土ESG评级标准。本文首先对联合国可持续发展目标（SDGs）、全球报告倡议组织（GRI）、气候相关财务信息披露工作组（TCFD）、可持续会计准则委员会（SASB）等ESG信息披露原则与框架进行了梳理。其中，SDGs是可持续发展的总纲领性目标框架，GRI为企业社会责任报告提供了规范性框架并倾向于可持续发展，TCFD主要聚焦气候相关披露，SASB针对各行业制定了可持续发展会计准则。其次，梳理了MSCI、标普（S&P）、富时罗素（FTSE Russell）等国际主流ESG评级体系服务商发布的ESG评级体系，以及商道融绿、华证、Wind等具有代表性的国内ESG评级体系。这些评级体系的计算方法以加权平均为主，主要区别在于底层指标的设计，在指标权重的赋予方面也有所不同。

在对国内外信息披露准则和国内外主流ESG评级体系梳理的基础上，本文构建了既符合中国资本市场特点、能够客观反映中国相关企业ESG建设的基本情况，同时又与国际主流ESG评级体系内涵相契合的ESG评级体系。首先，从环境、社会和公司治理三层要素出发，选取一些具有代表性且易获取的指标，融入具有中国特色的评价指标；同时，充分考量不同行业特征，对行业特色指标进行分析；利用专家打分法，确定每个指标在不同行业内的各自权重，使该指标能够科学合理地反映其对企业ESG表现的影响程度；通过加权求和的方法，确定每个评级对象的ESG得分，最终建立了覆盖中证800成分股的兴证ESG评级体系。对评级结果进行分析，发现该评级体系具有明显的行业区分度，可以有效地反映当下不同行业ESG实践的差异。此外，该评级在低排位公司部分的相关性与其他评级结果有着较高的重合度，说明该评级体系能够较为准确地判断公司的潜在ESG风险。

ESG投资揭示了财务信息之外的收益和风险信息，能够降低尾部风险，增强投资收益。本文分别从定性和定量的角度，探讨ESG评级对企业财务和估值的改善机制，验证从ESG评分到股票价格变化的传导机制。基于 DCF 模型，通过分析兴证 ESG 评级分数，发现 ESG 评级的提高能够通过改善未来现金流、降低特质性风险以及降低企业资本成本，最终推动企业整体估值的提升，进而对公司股价产生影响。

为探究 ESG 评级在助益 ESG 投资过程中发挥的作用，本文对国内外 ESG 基金的发展实践进行了分析。对于 ESG 主动型基金而言，其兼具了财务投资的有效性和 ESG 因子的 ESG 整合策略，已成为国际和国内在 ESG 投资领域的最大公约数，未来也将成为中国 ESG 投资市场的主流产品；对于 ESG 被动型基金而言，ESG 指数产品是 ESG 投资重要的资源和工具，其通过追踪 ESG 调整成分权重的指数，以降低 ESG 风险状况。基于兴证 ESG 评级结果，本文对 ESG 因子进行了有效性测试，结果显示 ESG 因子有效性较强。基于指标有效性测试结果，结合兴证 ESG 评级结果以及成长、质量、价值三方面的基本面财务数据因子，进一步构建 ESG 正向筛选策略，筛选出 ESG 优质标的龙头。从统计数据来看，正向筛选策略相对 800 ESG 指数以及 Wind 全 A 指数均具有正超额收益率；从风险角度来看，策略年化波动率小，体现出较强的抗风险能力；从风险波动率水平来看，ESG 正向筛选策略收益波动比、夏普比率、收益回撤比优于 800 ESG 指数以及 Wind 全 A 指数，ESG 正向筛选策略获得的收益更显著，抗风险能力更强，说明本文建立的 ESG 评级体系在助益 ESG 投资方面具有一定的优势和有效性。

总体来说，本文在梳理国际 ESG 发展历程和我国企业 ESG 及投资领域应用的现状和发展的基础上，借鉴国内外主流的 ESG 评价体系，结合我国实际国情确定了有关指标及指标权重，建立了具有中国特色的证券公司 ESG 评级体系。对该体系进行因子、相关性和分位数测试，利用回测分析，证明了该 ESG 评级体系具有客观性、科学性和实践性。根据评级结果，构建相应的 ESG 指数，对指数策略进行实证分析，利用被动化的指数投资策略，基于 ESG 评级理念构建投资组合标的。将建立的投资标的与市场上的主要指数进行对比，发现该投资组合具有更高的超额收益和较强的抗风险能力。以上结果凸显出 ESG 投资组合的有效性，证明建立的 ESG 评级体系在投资标的选择上具有优势。

尽管近几年 ESG 投资在我国发展较为迅速，但总体来看，当前我国 ESG 仍处于发展初级阶段。对于 ESG 评级体系的完善和 ESG 投资的发展，提出如下建议：一是结合国家战略部署，全方位有序发展。将 ESG 与国家经济结构转型和高质量发展的整体战略融合，有助于实现全面、协调、可持续发展，化解环境问题和社会风险，创造公平合理的发展环境。二是明确 ESG 信息披露标准，完善 ESG 信息披露机制。从自愿、半强制到强制三个步骤循序渐进推进上市公司和发债主体 ESG 信息披露，不断深化对上市公司 ESG 监管要求。三是建立本土化的 ESG 评价体系，促进落地应用。鼓励国内金融机构、咨询机构和相关学术机构建立 ESG 相关信息披露标准和评价体系，开展 ESG 评价工作，从外部推动企业 ESG 发展理念的建立。四是开展理念教育，提升各方 ESG 意识。针对当前我国 ESG 市场现状，制订相应的培训方案，开办 ESG 培训课程，或通过举办论坛、研讨会的方式，提升市场各方参与者对 ESG 的认知水平。五是鼓励绿色资管产品发展、绿色资管产品供需匹配。积极鼓励资产管理人加强 ESG 相关投资产品的创设，通过绿色补贴的形式对 ESG 绩效较好的投资产品给予一定的政策倾斜，建立有利于绿色金融发展的正向激励机制，撬动更多社会资本投入绿色领域。六是提升绿色金融市场透明度，防范"洗绿"风险。

证券公司保荐业务质量评价体系研究
——基于上市公司质量评价的视角

招商证券股份有限公司*

随着我国逐渐进入高质量发展阶段，上市公司质量成为实体经济和股市高质量发展的核心内容。证券公司作为资本市场入口关的推荐人和关键把关人，其保荐业务质量对上市公司质量有着直接的影响。在全面注册制逐步实施的背景下，如何评价证券公司保荐业务质量与上市公司的质量，成为亟待解决的重大问题。然而，关于如何利用公开可获得数据对证券公司保荐业务质量进行科学评价，业界还没有形成统一认识，也缺乏客观、全面、具有可操作性的评价方法。

自2020年开始，我们持续关注上市公司及券商保荐业务的质量评价问题，经过两年多的研究与完善，形成了基于上市公司质量评价视角对我国证券公司保荐业务质量评价问题进行研究分析的总体思路，并构造了一套较为客观的评价指标体系。本文的研究意义主要体现在：一是有助于监管部门采用统一标准评价券商保荐业务与上市公司质量的水平及其变化，从而制定更具针对性的监管措施；二是可以对传统证券公司保荐业务质量评估体系进行有益补充，在投行承销家数、融资额、收入规模等数量化基础维度上进一步丰富；三是可作为投资者筛选投资对象的参考工具，不但能引导更多的资金流向优质公司，也可让投资者分享优质公司的发展红利。

---

* 课题负责人：张良勇，招商证券研发中心总监。课题组成员：麦元勋、吴曼、朱卫华、任瞳。

保荐业务是证券公司的核心业务之一。传统的对券商保荐业务进行评价或比较的方法，一般采用规模指标，如保荐项目数量及融资规模等。这些传统指标其实反映的是证券公司保荐业务的市场竞争力，并不能完全等同于保荐业务的质量。作为金融类企业，券商保荐业务提供的"产品"就是保荐项目，即上市公司，投资者相当于是保荐业务"产品"的"消费者"。类似于商品质量应由消费者进行评价，上市公司质量也应从投资者角度进行评价。从逻辑关系来看，上市公司质量越高，才能吸引更多的投资者进行投资；证券公司提供的高质量保荐项目越多，保荐业务市场占有率就会越高，并为证券公司带来更多的保荐业务收入，从而形成一条环环相扣的保荐业务链条。因此，本文的核心逻辑与创新点是从投资者角度出发评价上市公司质量，再结合保荐项目的规模与保荐收入对证券公司的保荐业务质量进行综合评价。

保荐项目规模与保荐收入同属于客观指标，相对较容易量化，但上市公司质量的衡量要复杂很多。基于本文的逻辑出发点是从投资者角度评价上市公司质量，我们提出高质量上市公司需要满足的三个基本条件：一是高质量的上市公司能够为投资者带来持续、稳定的投资收益；二是高质量的上市公司必须具备财务稳健、基本面良好的特征；三是高质量的上市公司必须坚持合规经营原则，合规风险较低。

根据行业研究经验与数据可得性，我们构建了一个上市公司质量评价指标体系：第一，该体系包含市场因素、成长性、盈利能力、偿债能力、营运能力、治理结构、经营风险和合规风险 8 个维度，合计有 37 个底层指标；第二，为提高各指标的精细度与可比性，底层指标可分为正向指标与负向指标两类，并根据指标的逻辑及实际分布特征等设定相应规则进行打分，将各指标的分数求和可得到总得分，最高总分为 145 分，最低总分为 -190 分；第三，该体系具有开放性和可拓展性，可根据不同场景的需要增减指标；第四，该评价体系的重点在于得分的相对排名，而非绝对分值，可用于不同报告期、板块、地区和行业内部上市公司之间的比较；第五，剔除北交所上市公司、银行、非银行金融、综合金融等行业的样本；第六，若上市公司因欺诈发行、信息披露违法等行为被移送司法机关，则在当年及后两年把得分直接设为最低分；第七，行业分类标准采用中信一级行业，评价期间为 2010—2021 年，每年打分一次，数据截止日为每年 5 月底，数据源为 Wind 资讯。

根据本文的核心逻辑，上市公司质量是证券公司保荐业务质量评价的基础，也是整个评价体系的重点和难点，因此给予 50% 的权重；保荐项目规模的权重占比为 30%，主要从项目数量与项目融资规模两个方面进行衡量，权重各占 15%；保荐收入的权重为 20%，主要采用券商获得的承销费用收入进行衡量；在计算保荐项目质量平均分时，以股票上市日为基准，IPO 项目以股票上市后 3 年内为限，增发或配股以项目完成后 2 年内为限，保荐项目质量平均分等于在不同报告期内各家券商完成的保荐项目质量得分总和除以保荐项目数量。

最后得到以下结论：

第一，证券公司的保荐业务质量可以从上市公司质量、保荐项目规模和保荐收入三个维度进行综合评价，上市公司的质量可以从市场因素、成长性、盈利能力、偿债能力、营运能力、治理结构、经营风险和合规风险八个方面进行评价。

第二，本文建立的质量评价体系能够较全面、准确地衡量上市公司的质量，股价表现优异、基本面特征良好、经营与合规风险低的上市公司质量得分整体靠前，股价表现低迷、基本面状况堪忧、经营与合规风险突出的上市公司质量得分整体靠后。

第三，通过分析一段时间内的质量排名变化，可以反映上市公司质量的提升或下降，基本面趋势向好的公司质量排名趋于上升，基本面趋于恶化的公司质量排名趋于下降。

稳中求进背景下利用衍生品市场推动证券业高质量发展专题研究

安信证券股份有限公司*

衍生品业务近几年在我国市场发展迅速：以场内期权与期货为代表的场内衍生工具的品种和交易量日益攀升，做市商制度不断完善，场内衍生品平抑市场波动、价格发现功能日益完善；以场外期权和收益互换为代表的场外衍生品方兴未艾，焕发勃勃生机。在此背景下，如何进一步发挥衍生品的积极作用，助力中国证券业高质量发展，是一个值得我们深入研究的课题。

证券业高质量发展是经济高质量发展、金融高质量发展的重要分支，它的理论核心来源于新时代金融业高质量发展观与新时代中国特色社会主义经济思想，本文系统性总结了各个会议或场合上关于新时代金融发展观的重要指示，结果发现证券业高质量发展与新时代金融发展观一脉相承。本文研究发现进入2022年后，虽然国际局势复杂多变，地缘政治、国际贸易、疫情等因素造成经济环境复杂化，但国内经济韧性犹在、稳中向好。这便成就了中国宏观经济稳中求进的时代背景。

本文分析中国衍生品发展的现状，研究发现中国场内衍生品市场发展迅速，在交易所上市交易的期权品种（包括金融期权和商品期权）达到34只，场外期权业务百家争鸣，截至2022年12月底，证券公司场外衍生品

---

* 课题负责人：王连志，安信证券董事、总经理。课题组成员：刘俊文、张斯会、王宜峰、赵永杰、龙蕴翰、黄道舜、孔得成、刘博洋、项博凯、王翔宇、赵洋伯。

存续的名义本金规模为 2.09 万亿元，已经达到了历史的新高度。《期货和衍生品法》的实施对衍生品市场具有里程碑的意义，衍生品市场规范化程度不断提高，金融创新能力不断提升。

本文重点分析了中国证券业高质量发展的现状，从证券业服务实体经济直接融资规模、多层次资本市场服务科技创新能力、资本要素市场化配置效率、三大交易所上市公司总市值、上市公司规模和质量这五个方面进行的研究表明，10 年以来，中国证券业服务实体经济的能力逐渐增强，对比 2011 年和 2022 年，证券行业帮助实体企业在资本市场直接融资规模大幅增加，由 2011 年的 9447 亿元跃升至 2022 年的近 6 万亿元；2021 年北京证券交易所的成立标志着我国多层次资本市场进一步完善，资本市场服务科技创新能力有了大幅提升，能够满足大型企业、中型企业、创新企业上市的要求；资本要素市场化配置效率提升明显，股票市场充分发挥了资源配置的功能，将大量资本市场资源转移到先进制造、计算机科学、医疗卫生等目前国内亟待发展的新兴产业；三大交易所承载的上市公司规模由 2011 年的 21 万亿元增加到 92 万亿元；上市公司的规模和质量提升明显，总资产、净资产、分红水平、营业收入、净利润、研发投入都有了显著提高，尤其是研发投入，10 年间增长了近 6 倍。由此可见，中国证券市场正在自我革新，朝着高质量发展不断前进。

本文从服务实体经济、财富管理转型、证券行业资产规模、防范金融风险、社会责任 5 个维度选取了 10 个基础指标，利用改进的熵权法构建了 2016—2021 年的中国证券行业高质量发展指数。结果表明，2016—2021 年，中国证券业高质量发展水平不断提高；2021 年，中国证券业高质量发展指数达到了 0.95，为近 6 年的最高水平。证券业高质量发展指数综合评价了中国证券业高质量发展的基本情况，反映的现状更加全面，更加符合金融服务实体经济的需要。

本文提出了稳中求进背景下衍生品推动证券业高质量发展的四大路径：一是基于"三次定价"体系的衍生品市场价格发现功能对服务实体经济的积极作用。"三次定价"包括一级市场的"初定价"、二级市场的"二次定价"和衍生品市场的"三次定价"。通过研究，本文论证了从一级市场到二级市场、再到衍生品市场，其定价功能越来越完善，考虑的维度越来越丰富，衍生品市场不仅是对标的资产涨跌的定价，还是对各类高阶风险的精准定价，可以通过衍生品市场的价格发现功能，构建更平稳的市场环境。二是基于风险管理职能的衍生品市场抵御实体经济下行风险的积极作用。从期货、场内期权、场外期权三个维度出发，层层递进，举例说明了不同金融衍生工具在对冲风险时的作用，结果表明，利用期权来对冲风险，尤其是场外期权，既能够对冲价格风险，也能够保留或有收益的可能性，进一步利用场外期权对冲风险可以实现客户的定制化需求，在客户精准对冲的要求下节省对冲成本。三是基于财富管理与价值创造职能的衍生品市场服务实体企业的积极作用。从利用场外期权服务实体企业现金管理的需求、利用收益互换盘活公司股票和合理避税几个方面展示了衍生品的财富管理和价值创造功能。四是基于衍生品市场的国际化发展，论证了衍生品对实体经济走出去的积极作用。从争夺衍生品国际定价权、拓宽原物料生产地、对冲汇率风险和利率风险、转移信用风险和股票波动风险等几个方面阐述了衍生品业务国际化对实体企业的积极作用。

最后，根据研究结果，提出进一步完善衍生品市场的法制化、进一步推进中国证券公司衍生品的分类管理、进一步发挥金融衍生品服务实体经济的职能、进一步加大投资者教育等政策建议。

国内外财富管理市场与商业模式研究

广发证券股份有限公司*

近年来,随着中国经济和居民财富的快速增长,国内财富管理行业获得了高速发展,中国居民财富总规模排名已跃居到了世界第二位,仅次于美国。与此同时,中国家庭资产配置的标准化金融资产比例不断上升、境内外资本市场联动不断加强、监管政策和市场机制逐步完善、财富管理工具和产品供给持续扩大,当前的中国步入财富管理发展的黄金时期。

我国财富管理行业目前仍处于初期发展阶段,主要由卖方销售模式主导,即财富管理机构主要担任金融产品代销的角色,以持续扩充和巩固客户数量和代销资产规模为主要业务发展目标。以美国为代表的海外发达国家则早已全面发展财富管理买方业务,在发展路径、商业模式、财富管理机构业务模式差异等众多方面,海外财富管理行业和机构发展经验都值得国内财富管理机构比较借鉴。研究比较国内外财富管理市场和商业模式,有利于推动构建新生态下我国财富管理的服务模式,在持续完善财富管理业务体系、实现居民财富保值增值、藏富于民以及共同富裕等方面均有积极意义。

本文以成熟财富管理市场——美国为鉴,利用 Johnson 和 Christensen 提出的商业模式要素模型,按照财富管理业务特点,重构财富管理商业模式四要素模型,从客户价值主张、盈利模式、关键资源、关键流程四个角

---

* 课题负责人:方强,广发证券财富管理部总经理。课题组成员:谢军、郑峰、史惠子、陈强、陈韵杨、钟泽宇。

度，分别对比和阐释瑞银集团、摩根士丹利、嘉信理财三家头部机构的财富管理业务商业模式特点及对我国财富管理行业发展的启示，建立相应的模型。

客户价值主张是商业模式的首要因素和起始点。海外财富管理机构基于客户价值主张，对发展战略进行独特定位，突出与客户价值共鸣点，并根据自身天然禀赋及后天战略选择，形成了差异化的客户结构与服务体系。瑞银集团在历史沿革中不断沉淀高净值及超高净值客户，并在2011年确立了"以全球财富管理和瑞士商业银行为核心，辅以资产管理和投资银行"的战略，成本和人力均向财富管理部门转移；摩根士丹利选择成为客户下沉和全渠道覆盖的大型综合体，在2004年，公司个人投资者事业群提出"成为大众富裕客户与高净值客户的第一选择"的战略目标；嘉信理财乘着混业经营的东风，完成了证券经纪、财富管理和零售银行三大支柱业务的布局，实现了与TD Ameritrade等折扣经纪券商的差异，目标群体从主体长尾客户向大众富裕客户延伸及沉淀。

盈利模式描述企业如何为自身创造价值。我们通过构建"客户数×户均资产×综合费率×利润率"的衡量公式以及结合美国财富管理行业发展阶段，阐述不同发展阶段的财富管理机构盈利发展特点和侧重点。第一阶段，财富管理主要面向高端个人及家族，以银行为主导，提供理财、税收、遗产及账户服务等，核心要素是客户资产门槛与规模，侧重点在发展户均资产规模；第二阶段，财富管理业务快速发展，在佣金自由化背景下，客群发生分层分流，财富管理机构需要根据客群特点提供差异化的产品服务，侧重点在扩大客户数和产品费率差异；第三阶段，财富管理业务逐渐成为业务支柱，但客户数量增速放缓，竞争激烈，因此发力点在大财富管理板块强化聚合和以客户为中心的部门协同，侧重点在进一步提升户均资产和利润率。

关键资源是企业向目标客群传递价值主张的必备要素。获客渠道、专业产品与服务、金融科技赋能是当下财富管理业务做大规模与提升服务效率的三个关键资源要素。获客渠道包括线下渠道搭建、降费获客、投顾引入、外部并购等途径。摩根士丹利通过2008年以来的多次并购迅速扩展高净值客户数量；瑞银财富管理部下辖三个部门进行协调统筹，包括首席投资办公室、客户策略办公室、投资方案平台，而平台型机构则更着重在外部获取与开放生态；嘉信理财开设专注于活跃交易的在线社区，推出 Street Smart Edge 优质平台、ETF One Source 平台等，提供金融科技平台赋能。

关键流程是企业成功运营和管理的元素。构建业务系统机制、成立匹配的考核与培训机构、提供强平台支撑是头部财富管理机构的三大关键流程。摩根士丹利、瑞银集团等海外综合型财富管理机构建立板块交叉协作的价值链闭环，践行"One‑Firm"策略，通过组织架构及业务整合、建立内部协同利益切分的支持制度、设立中间协调部门专职协同沟通等方式推动构建财富管理业务价值链闭环。

财富管理的商业模式各个要素之间彼此孤立的形态并不是我们的最终目标。证券公司财富管理业务发展需要各个要素之间形成联动关系，在实践中因地制宜构建成熟的联动机制。因此，我们进一步探讨商业模式四要素之间的四项联动机制的形态及发展路径，并且建立联动机制模型。

第一，构建客户价值主张与关键资源联动机制。客群的需求定位是所有业务发展的基础，根据客群的分层分类确立并发展获客渠道和产品服务体系不仅可以更加精准地满足客户需求，而且是推动实现以客户为中心买方投顾理念所不可缺少的。客群大致可以分为大众零售客户、富裕客户、高净值客户，比如富裕客户具备一定的资产规模，对资产配置及投顾类服务有需求，优秀的产品竞争力和高级财富网点构建铺设对此类客群更具吸引力，产品体系打造侧重于多样化金融投资和投资组合、对应高级研发报告、个人和家族信托、对冲基金、私募股权等相关服务。

第二，构建客户价值主张与盈利模式联动机制。基于客群特点发展盈利方式更能事半功倍，主要体现在以下三个方面：一是认识自身资源禀赋，在明确定位主要客户群体的基础上，拓宽现有优势，打造鲜明的客户服务特色方向；二是建立差异化优势和收费模式，根据客户分层分类挖掘客户需求，建立多层次收费和服务体系，比如打造高净值客群高端优质服务体系、为高端客户提供定制化深度研究服务等；三是提升投研服务价值水平，包括建立产品投研体系、完善全资产类别的研究体系、发展投顾的

"投"和"顾"的能力。

第三，构建关键资源与盈利模式联动机制。发展关键资源的最终目的是为业务盈利服务，主要体现在三个方面：一是提高财富管理战略地位，整合完善组织架构，围绕财富管理实际情况，设计成立独立的一级部门集中运行财富管理相关业务，并且不断扩充业务规模，提高组织复杂性；二是保持金融科技较高投入，多维度提高数字化赋能水平，通过完善客户数字画像、推动线上线下渠道的融合发展，加强对客户的数字化经营能力等与业务战略深度协同形成合力；三是不断打造客户一站式数字财富管理平台，推动从交易型应用软件向综合型财富管理平台转型，打造及不断完善个性专业、实用便捷、极致体验的零售客户一站式平台。

第四，构建关键流程与盈利模式联动机制。一是建立跨业务协同机制，加强投行、财富管理、资管板块相互引流推荐。投行的企业客户可以为财富管理提供丰富的客户来源，财富管理的企业客户存在融资需求的可以推荐到机构证券开展业务，优质企业家的企业有资管需求的同样可以推荐给资管板块跟进。二是创新投顾精英化培训。打造投资顾问专注研究和擅长的领域，注重用数字手段赋能投顾提高专业水平；推动团队之间进行取长补短的合作，进一步提升投顾满足各类客户或复杂或独特的财富管理需求的能力。

本文对国内券商财富管理发展提出相关监管建议：一是加快出台正式的基金投顾行业规范；适时拓展资产委托管理范围，推进基于财富账户的大类资产配置全权委托服务，允许优质证券公司开展全权委托和盈利分成模式试点。二是进一步拓展综合账户功能、充实财富管理功能。可积极推动建立纳入一码通账户管理体系的综合财富管理账户，整合融资融券、期权、基金、期货、贵金属等账户的功能；建议适时拓展该账户的交易、理财、投资、融资、支付、取现等其他功能，充分发挥账户的财富归集功能。

数字时代证券公司数据共享和跨境的法律困境与对策建议研究

国泰君安证券股份有限公司　上海市协力律师事务所*

随着《网络安全法》《数据安全法》及《个人信息保护法》出台，相关配套法规、标准也日趋完善。在数据共享方面，尽管《数据安全法》对数据共享的规制不多，但《民法典》《反不正当竞争法》的相关条款均会规制数据共享活动。由于个人信息的共享可能对自然人造成较大的影响，因此，《个人信息保护法》对个人信息的共享作出了更为严格的要求。此外，中国证监会《证券基金经营机构信息技术管理办法》对证券公司投资者信息共享也作出限制性规定。在数据跨境方面，《网络安全法》《数据安全法》及《个人信息保护法》是数据出境制度的基石，对重要数据、个人信息等出境的前置审批及个人信息出境的告知同意义务等作出规定。为细化出境路径具体要求，2022年以来网信办及相关部门陆续出台配套规则，包括《数据出境安全评估办法》《个人信息出境标准合同办法》以及《个人信息跨境处理活动安全认证规范》。

证券公司数据共享与跨境的主要场景与法律分析如下：

一是集团化管理数据共享与跨境。证券公司根据监管要求和集团化管理需要进行数据共享。目前，法律法规关于个人信息对外提供的规定中，并未涉及集团化管理场景下的豁免，仍需取得单独同意。证券公司基于行

---

* 课题负责人：张志红，国泰君安证券合规总监。课题组成员：印钧、刘泽、李倩倩、潘骏、何琛、江翔宇、张玉燕、管心竹、邱思捷。

业监管要求和自身管理需要所产生的实际现状与目前涉及数据共享的法律法规、监管规定如何协调，成为证券公司集团化管理的一个难题。由于证券公司集团化管理也覆盖境外子公司和跨境业务，集团化管理场景中也会产生很多数据出境需求。

二是展业中的数据共享与跨境。在数据共享方面：（1）实名验证委托第三方处理数据。证券公司对客展业时需要与公安部公民身份信息进行比对以完成投资者身份验证，开展投资者实名认证需对接第三方服务，证券公司需将客户提供的实名要素提供给公安部授权的身份核验服务提供者获取实名制认证核验服务。（2）金融产品代销场景下个人信息处理法律关系的认定。在金融产品代销业务中，由于证券公司等代销机构与产品管理人对于代销过程中投资者信息处理行为属于共同处理、委托处理、对外提供中的何种情形难以达成一致，极大地影响《个人信息保护法》规定义务的落实及展业效率。（3）期货 IB 业务客户数据共享给期货公司。在明确期货 IB 业务中投资者个人信息的处理模式后，应签订相关补充协议，落实《个人信息保护法》的相关要求。在数据跨境提供方面：（1）基金营运外包。基于外资管理人跨国一体化管理的需求，外资管理人可能会直接将其在证券公司营运外包平台的账号、密码提供给境外母公司的工作人员，从而构成数据出境，或要求营运外包服务机构将数据提供给其境外母公司。应在相关协议中明确管理人和证券公司（营运外包服务机构）间的委托关系，并由管理人履行数据出境的相关合规义务。（2）场外衍生品等跨境交易。在场外衍生品等跨境交易中，相关合同中必然包含相关交易方法定代表人、员工的姓名、邮箱等个人信息，从而构成数据出境。但这类信息重要性程度并不高，且属于履行合同所必需，建议在履行数据跨境相关前置程序方面予以适度豁免。（3）境内企业赴境外上市。近年来，部分内地企业选择赴港、赴美上市。目前，关于境内企业在境外上市，《网络安全审查办法》第七条还要求"掌握超过 100 万用户个人信息的网络平台运营者赴国外上市，必须向网络安全审查办公室申报网络安全审查"。此外，中国证监会《关于加强境内企业境外发行证券和上市相关保密和档案管理工作的规定》对相关的数据跨境传输提出了进一步的要求，要求证券公司原则上需要将相关材料存储在境内，经过有关部门的事先批准方可向境外传输信息。

三是数据资产和数据交易。2022年6月22日，中央全面深化改革委员会第二十六次会议审议通过《关于构建数据基础制度更好发挥数据要素作用的意见》，要建立合规高效的数据要素流通和交易制度，建设规范的数据交易市场，要求建立数据产权制度。金融机构包括证券公司拥有海量的数据资源，未来在数据产权和数据要素市场规范完善后，基于此产生的数据资产将成为证券公司的新型资产，实现数据价值资本化。

根据以上分析，本文提出关于我国证券公司数据共享与跨境制度建议：

一是对证券公司的建议。首先，开展数据治理工作。只有开展数据治理工作，按照相关法律法规和行业标准对数据进行识别、分类分级和采取相应的保护措施，证券公司开展后续的数据共享及跨境等处理活动才有基础和保障；并通过问卷、访谈等方式充分了解司内数据共享及数据跨境的相关场景，评估是否已经履行相关义务。对于合规成本过高或存在较高风险的数据处理行为，则应评估业务开展的必要性。其次，进行数据资产盘点和探索参与数据交易。证券公司应当关注数据交易，尤其是数据产品交易的合规性。证券公司实践中既可能作为数据产品的需求方，因为业务需求购买数据产品，例如帮助证券投资决策的各种数据产品；未来也可能作为数据产品的提供方，将自身的数据资源加工成数据产品，通过交易方式实现数据资产化。

二是对立法和监管的建议。在数据共享方面：（1）可考虑豁免集团化管理个人信息共享的"单独同意"义务。金融机构的集团化管理是我国金融行业降本增效、稳固发展、发挥协同效应的有效路径，证券公司基于集团化管理项下涉及的众多数据共享场景也是对证券公司风险管理、合规管理要求的具体落实。建议从立法层面将证券公司集团化管理所涉及的数据共享可豁免"单独同意"义务。（2）可明确个人信息共享活动性质并出台标准合同。代销、期货IB、通过第三方实名验证等常见证券业务场景涉及的个人信息处理法律关系有待统一明确。个人信息共享行为可分为共同处理、对外提供等形式，不同性质的个人信息处理行为将导致不同形式的责任承担。建议监管部门针对相关业务中的个人信息处理性质予以明确，降低不同机构间的磋商成本。（3）鼓励业务创新，探索证券行业数据有序共享。鼓励包括个人信息在内的数据流动，通过制度创新和技术安排来探索个人信息在守住法律合规底线前提下的合理利用。证券监管部门也可在资本市场推行金融科技创新试点项目，鼓励隐私计算、区块链等技术在金融领域的运用，在保护好客户隐私的同时进行业务创新。在数据跨境方面：（1）应完善重要数据识别认定规则。监管机构可出台证券行业的重要数据目录及重要数据识别标准，从而降低证券公司因难以识别重要数据而产生的数据出境安全评估成本。（2）探索粤港澳大湾区等特定区域金融机构数据跨境流动机制。可借鉴其他区域性协定中对金融机构数据跨境的相关措施，探索粤港澳跨境金融数据流动的"中国方案"。（3）豁免履行业务合同所必需数据跨境的审批义务。如果证券公司基于履行业务合同，如跨境衍生品交易、跨境IPO等，必须进行个人信息跨境时，在依照《个人信息保护法》取得个人信息出境的合法性基础并对客户进行增强告知后，可考虑一定程度上的审批义务豁免。

证券公司资产负债管理方法研究

国元证券股份有限公司　上海金仕达软件科技股份有限公司[*]

在党的二十大报告中，习近平总书记强调了"高质量发展"和"防范金融风险"，为金融行业提质增效指明了方向——金融行业应在风险可控前提下实现高质量发展。随着国内证券行业资产负债规模的快速扩张，证券行业亟须建立一套证券公司资产负债管理（ALM）方法体系，为行业高质量发展护航。目前，证券公司 ALM 的学术研究和实践探索均处于起步阶段，文献较少、案例不足，且研究范围多局限于证券公司 ALM 的细枝末节，方法亦缺乏系统性、科学性。为助力证券公司高质量发展，本文旨在探索建立一套适合证券公司的资产负债管理方法体系，辅助证券公司 ALM 决策，优化资产负债结构，降低市场风险，提高流动性风险管理水平，提升证券公司的净利润。本文从财务分析工具、计量分析模型和资产负债管理方法三个维度深入研究和验证证券公司资产负债管理方法。

维度一：证券公司 ALM 财务分析方法。从资产、负债以及资产负债关系三个方面研究证券公司 ALM：第一，建立基于财务分析模型的证券公司大类资产配置管理方法。以杜邦分析法为基础，将证券公司净资产收益率（ROE）拆解为杠杆率（LR）和资产回报率（ROA）两项，分别从资产规模和业务收益两方面对证券公司大类资产和业务收益进行划分，得到大类资产的 LR 贡献值和各业务收益的 ROA 贡献值。通过比较与样本证券公司

---

[*] 课题负责人：司开铭，国元证券总会计师、财务会计部总经理；徐建程，上海金仕达量化实验室负责人。课题组成员：叶斌斌、张哲、柯宇晨、沈义君、万宇雷、孙科、蒋锐权、武向光。

LR 贡献值和 ROA 贡献值的差异，分析得出证券公司大类资产配置的方向、目标及所需提升收益的业务。第二，提出证券公司负债融资管理方法。全面梳理证券公司负债融资渠道的特点，构建证券公司负债融资的"四步走"策略。第三，研究基于风控指标的资产负债匹配度管理方法。以证券公司风险监管指标为底线，以"净资产/负债"和"资产负债率"为资产负债规模匹配度指标，研究证券公司资产负债匹配度管理方法。

维度二：证券公司大类资产价格和风险预测模型。为实现证券行业资产负债的工具化管理，本文针对 8 项大类资产展开归因和预测。第一，归因模块。提出一种因子筛选流程，旨在从金融大数据中提取每类资产对应的具有稳定预测能力的因子。因子筛选流程分为三步：单因子筛选（平稳性检验、相关性分析和单因子回归分析），多因子筛选（贪心算法、逐步回归算法和 Lasso 回归算法），基于深度神经网络格兰杰因果推断的筛选。该因子筛选流程具有较强的创新性，本文案例结果验证了该因子筛选流程的有效性。第二，预测模块。使用 18 种机器学习模型分别预测 8 大类资产价格变化状态（上涨状态、震荡状态和下跌状态）及其概率值，最后采用 Voting 的方法实现模型集成。案例结果表明：集成模型在三分类的测试集中，中证 800 指数、中证 800 下行波动率、十年期国债到期收益率、国债收益率曲线斜率、信用利差和商品指数的预测准确性分别从三分类随机分布的 1/3 提升到 0.52、0.60、0.55、0.44、0.53 和 0.58，验证了本文预测方案的有效性。第三，案例研究。利用因子筛选流程和预测模型，预测 8 大类资产在本文研究期间以及未来 6 个月和 12 个月的变化状态及概率分布。案例结果表明：若上涨状态、震荡状态和下跌状态的预测概率值比较接近时，预测结果可靠性较低；若某一种状态的预测概率值大于 0.45 时，则预测结果可靠性较高。未来 6 个月预测结果表明：中证 800 指数和商品指数处于上涨状态的概率分别为 55.6% 和 52.0%；十年期国债到期收益率处于震荡状态的概率为 55.5%。未来 12 个月预测结果表明：中证 800 指数、10 年期国债到期收益率和商品指数处于上涨状态的概率分别为 62.1%、60.8% 和 76.4%。这些预测结果作为资产负债智能管理模型的输入参数，具有重要的应用价值。

维度三：证券公司资产负债管理方法与实践。为了实现证券公司资产负债的智能管理，本文以 CM 证券和样本证券公司资产负债数据为基础，提出了三种证券公司资产负债管理模型和管理方法。一是建立多元线性回归模型：分析样本证券公司 10 类业务的平均杠杆贡献率与 8 大类资产价格之间的线性归因关系。案例结果表明：除固收类资产和买入返售金融资产外，其他业务杠杆贡献率的 R^2 在 0.59—0.75 区间，拟合效果良好。通过预测 8 大类资产未来 6 个月和 12 个月的变化，得到样本证券公司 10 类业务平均杠杆贡献率在未来 6 个月和 12 个月的理论值，此理论值为 CM 证券公司 10 类业务杠杆贡献率的调整提供了具体的、可量化的指导意见，具有重要的应用价值。二是建立证券公司 ALM 线性规划模型：解决了证券公司在风险监管指标和财务指标双约束下资产优化配置问题，规划了证券公司实现盈利最大化的资产负债配置路径。还尝试了多目标数学规划模型，协调"三性"目标（营利性、安全性、流动性）之间的矛盾，给出证券公司"三性"目标的帕累托有效前沿，该模型为证券公司 ALM 提供了一种新的思路。三是建立基于大类资产价格预测的 BL 资产配置模型：分别采用马科维茨模型和 BL 模型完成证券公司的资产配置。案例结果表明：加入预测结果的 BL 模型配置比例比马科维茨模型更接近样本证券公司，验证了基于大类资产价格预测的 BL 资产配置模型的有效性。针对未来 6 个月，BL 模型表明信用债、利率债和股票的占比分别为 53.91%、26.95% 和 19.14%。该方法对证券公司调整股债资产配置结构具有一定的指导意义。

本文从人工智能算法出发，提出并开发基于因子筛选的大类资产价格和风险预测模型；以证券公司业务逻辑为背景，构建了智能的证券公司资产负债管理方法体系。本文研究方法具有科学性和系统性，可在其他证券公司推广；实证案例丰富，所得研究结论可辅助证券公司 ALM 决策、助力证券公司高质量发展，对证券行业资产负债管理具有一定的示范引领作用。

金融业态综合化、平台化、数字化下的证券公司高质量发展研究

上海申银万国证券研究所有限公司*

新发展格局对证券公司高质量发展提出新要求，证券公司高质量发展主要表现为"三端""三化"。从高质量发展的内涵出发，与粗放式发展不同，证券公司高质量发展至少包括四方面：高质量发展强调集约性，要求有较高的投入产出比；高质量发展强调质量标准，要求有较强的业务专业能力；高质量发展强调社会效应，要求有较强的社会服务能力和正外部性；高质量发展强调自主性，要求证券行业有较强的自主可控性和安全性。从生产运营的流程来看，证券公司高质量发展具体表现为"三端""三化"：在产出端要实现综合化发展，提升证券公司的综合业务能力和服务能力；在生产端要实现平台化运营，提升投入产出比和专业能力，实现集约型、专业型发展；在投入端要实现数字赋能，提升数字化和科技化水平，借助底层技术变革来实现高质量发展。

综合化是证券公司高质量发展的产出效果。近年来证券公司呈现出明显的综合化发展态势，表现为业务种类综合化——目前形成投资类业务、融资类业务、交易类业务和登记结算等功能型业务共同发展的格局；客户服务的综合化——证券公司普遍都做到了机构、零售、企业客户并重且客户服务广度和深度不断提升；场内场外的综合化——场外业务逐步成为证

---

* 课题负责人：杨成长，上海申银万国证券研究所首席经济学家。课题组成员：龚芳、袁宇泽、赵新宇、王婧文。

券公司业务结构中重要的一环；境内境外的综合化——积极配合资本市场高质量双向开放加大境外业务布局；一级市场与二级市场业务的综合化——证券公司大力推进"研究+投资+投行"的业务模式，推进一、二级市场业务协同发展。

与此同时，证券公司综合化发展仍面临一系列挑战，表现为：一是证券公司服务实体经济的综合能力还不够强，证券公司在服务科技创新、企业跨境并购重组及产业链资源整合上还有待提升；二是证券公司各业务之间的协同不够，协同战略不够清晰全面，内部协同机制也有待完善；三是证券公司客户迁徙转换能力相对较弱，客户服务链条以及内部交叉销售机制尚未完全理顺，难以满足客户的个性化需求；四是国际业务与本土业务的整合能力有待提升，证券公司国际化战略不明晰，全球综合服务能力较弱；五是证券公司集团化管控能力相对不足，子公司运营独立性和集团管控之间的平衡难以把握；六是与其他金融机构相比，证券公司的综合服务力和相对竞争力不足。

应对挑战，证券公司要从五方面发力提升综合服务能力，推动综合化发展。其一，要从战略上重视，大型证券公司应以全球领先投行为目标，推动各业务条线全面发展；中小证券公司则应聚焦自身优势，立足自身资源禀赋，实施差异化发展的战略。其二，要提升产品创设、资产定价、风险管理和资本补充四大能力，以专业化来推动金融服务的综合化。其三，要完善业务流程，实现各业务线、各分支机构之间的协同机制，推动客户迁徙和资源整合。其四，要以国内强势业务的跨境经营为第一步来推进跨境和国际业务发展，积极把握中企跨境并购与中概股回归机遇。其五，要做强证券控股集团，积极布局多元金融业务，借助多元化的业务发展来提升抗周期能力。

平台化是证券公司高质量发展的运营模式，构建员工、客户、资源的开放平台。平台化具体表现为：业务流程的平台化，让员工在一个平台上工作。通过建设资源整合、能力沉淀的平台体系，证券公司可以集合运营能力、数据能力、产品技术能力，对前台业务形成支撑。客户服务的平台化，以客户为中心，将能够创造价值的业务模块通过新的组织形式整合在一起，共同面对客户，形成一体化服务。资源整合的平台化，让资源在一个平台上对接，让各相关的市场机构、市场主体在一个相对开放的环境下寻找自己最擅长、最能实现专业化的合作领域，发挥比较优势，形成规模经济。

证券公司平台化发展存在四方面障碍：一是存在业务墙、部门墙现象，业务仍以纵向为主，难以实现横向平台化运营。二是面向客户的综合服务平台往往是协调部门，话语权不高，与平台化运营相配套的交叉销售贡献、客户综合创收核算体系以及综合激励分配体系等也不够成熟，难以调动业务线实现平台化运营。三是对外部资源的整合利用不够，证券公司尚未搭建平台来吸引外部资源进行赋能。四是证券公司的底层数据较弱，平台化缺乏数字基础。

可通过四大举措推动证券公司平台化发展：一是树立新理念，平台是共享的、开放的、流量化的，要打造各大业务平台。二是大型证券公司要为中小证券公司提供综合平台服务，出于分散风险的考虑，可以将自身业务能力、风险管理能力进行变相输出，建立以客群为纽带的同业联盟。三是证券公司要提升外部资源整合能力，借助外部的数据、流量、开放等优势来强化自身平台化运营能力。"以我为主"，立足自身发展实际，选择外部合作平台。四是要发挥考核的指挥棒作用，做实面向各类客户的综合服务平台。

数字化是证券公司高质量发展的底层基础，可从三方面赋能证券公司高质量发展：一是优化交互体验，加快业务线上线下一体化发展，全面提升客户体验。二是升级管理模式，提升集约化运营能力，有效推动证券公司建立全面的客户管理体系和统一的业务技术架构，有利于打通证券公司内部人流、资金流、信息流。三是改造业务决策流程，升级发展驱动力，减少简单重复的低价值研究，更好地发挥高端专业人才的价值。

证券公司数字化发展面临四方面困难：一是数字化转型跟风式投入较多，尚未形成清晰的路线图，数字化转型尚未与公司自身业务结构、组织结构及企业文化特征有机结合。二是数字化转型的数据、组织、人才、技术基础薄弱，证券行业研发能力积弱已久，自主可控能力不强，数字化转型的技术基础弱。三是数字化转型的场景抓手不够清晰有力。四是数字化转型与业务转型间的正向反馈机制尚未建立，数字化转型是长期过程，具有很大的不确定性，需要战略定力。

推进证券公司数字化转型发展的举措可以从四方面展开：一是明确数字化转型目标，并制订明确的战略落地路径和实施方案，推动数字化转型从口号到切实可行的落地举措，同时将数字化转型的核心理念融入公司文化中。二是强化证券公司数据治理，保障内部数据质量，探索打造行业共享数据，共同打造核心数据库，并以此为基础丰富数字化转型的重要场景。三是建立匹配数字化转型的组织架构和人才队伍，调整组织架构，推动数字化和业务深度融合，构建跨部门的敏捷组织，推动前、中、后台一体化运作，加快培育适应数字化转型需要的人才队伍。四是提升数字化投入产出比，推动业务运营平台化和服务综合化。积极在现有业务布局中挖掘数字化机会，实现新兴技术的有效应用，探索创新数字化产品和商业模式，延长数字价值链。

要以"三化"相互融合为基础来推动证券公司高质量发展。综合化、平台化、数字化是证券公司发展在不同运行环节上的体现，要实现业务种类和服务功能的综合化，业务开展方式和模式的平台化，业务流程的数字化，推进数字化、平台化、综合化的一体化发展。要以"三化"为基础来推进证券公司高质量发展。一方面，证券公司要借助数字化、平台化和综合化的发展来提升竞争力和专业服务能力；另一方面，证券公司要借助数字化、平台化和综合化的发展提升服务国家战略和实体经济能力。证券公司要提升专业定价能力和综合化服务能力，吸引更多社会资本加大对科技创新、绿色转型和数字经济领域的投资，助力资本市场提升资源配置效率。证券公司要借助数字化、平台化的运作为市场提供更多元、普惠的金融产品，推进金融服务下沉，让更多低收入阶层能享受到便捷、高效的金融服务，更好地推进共同富裕建设。

管理型投顾业务的国际比较及思考

野村东方国际证券有限公司[*]

全球范围内，以买方为中心的投顾业务已成为财富管理业务的一种趋势，其中，管理型投顾业务（Managed Account，MA）是目前境外成熟市场财富管理行业主要业务之一。

根据 Investopedia 及 Wall Street Oasis 等美国知名金融教育网站的定义，管理型投顾业务是一种投资服务，它根据投资者（客户）的投资目标选择一种或多种资产类别（如货币、股票、基金、商品、房地产或其他）并构建成客户的投资组合。投资者拥有该账户，但该账户由他们聘请的专业投资顾问（Financial Advisor，FA）进行投资决策。投资顾问的职责是构建投资组合并交易基础资产，以实现客户既定的投资目标和利润目标。同时只要符合客户的目标，投资顾问可以在未经投资者事先批准的情况下购买、出售或交易资产。作为对客户资金的负责人，投资顾问必须遵守受托责任和监管要求，以客户的最大利益行事。

依据《证券法》，中国证券经营机构只能接受客户委托，开展向客户提供涉及证券及相关产品的投资建议服务，辅助客户作出投资决策，尚不允许代替客户作出投资决定。2019年10月，证券投资基金投资顾问业务的试点工作开始，该项业务允许获得资质的财富管理机构可以接受客户的委托，代理客户账户进行基金组合配置，标志着中国面向个人投资者的管

---

[*] 课题负责人：孙冬青，野村东方国际证券副董事长。课题组成员：刘敏慧、富言、侯苏寒、韩海洋。

理型投顾开始扬帆起航。

美国是 MA 业务最发达的市场，2021 年美国 MA 业务的资产管理规模（AUM）达到 10.7 万亿美元。其有多种 MA 业务类型，根据不同的业务类型，投资决策者包括管理机构、FA、客户自己、第三方机构等。

日本金融机构可在被称为"投资一任业务"的牌照下开展此类管理型投顾业务。目前，日本市场的投资一任业务的投资决策者均为管理机构，相较于欧美，日本专门面向高净值客户的金融服务体系发展历史较短，业务模式也并不多元。日本金融机构尤其头部证券公司，如野村证券、大和证券在 2005 年前后开始推行的个人投资一任业务在 2013 年前后规模开始爆发，截至 2022 年 6 月，日本个人投资一任业务的管理资产余额相当于日本公募基金资产净值整体的 8.7%。此外，日本股票型以外的公募基金和 ETF 的管理费率较低，而投资一任业务对金融机构来说是费率较高的产品类型，如果和管理费率水准较高的股票型公募基金（ETF 除外）比较，该比例则为 16.5%。

日本监管层面对个人投资一任的投资标的没有明确限制，金融机构提供的业务模式主要有两种，分别是：Fund Wrap 和 SMA。两者在投资门槛、投资者对投资标的池的选择权上有所区别，但具备以下共同特征：一是投资对象为公募基金；二是管理机构拥有投资决策权，由管理机构根据签约时确定的投资者风险偏好进行资产配置；三是负责 SMA 和 Fund Wrap 销售的投资顾问仅负责产品的销售，不进行资产配置建议及操作。现阶段日本市场几乎所有个人投资一任产品均将投资标的限定为公募基金产品，且投资决策均由金融机构而非投资顾问作出，未出现美国那样百花齐放的商业模式。

与欧美市场金融机构追求管理型投顾业务的专业化、差异化、多元化相比，受限于客户基础和业务基础，尤其是日本投资者对财富管理的需求相对保守，日本投资一任业务追求的是产品化、长期化和定制化，这导致日本市场在管理型投顾业务中走出了一条"日本制造"的思路：一定程度的标准化产品，机构投资决策的标准化行为，通过投资顾问相对可控、力求标准的售前、售中、售后服务贯穿始终，既能有效减少机构的管理风险、投资顾问的专业能力风险和利益冲突风险,又能保证以相对平稳的收益满足低波动投资者的需求。这样相对稳健的选择,对于目前的中国市场有一定的借鉴意义。

中国的管理型投顾业务正处于探索期,加强投资者服务、优化投资端能力是关键,而管理型投顾业务的平稳起步与健康发展将对资本市场稳定发展发挥重要作用。

中国特色企业衍生品发展道路研究

中国国际金融股份有限公司*

在海外发达资本市场中,衍生品除了被应用在大众所熟知的套期保值、投资管理、风险控制等领域外,还被广泛应用于大型企业,是企业客户管理风险、参与资本市场的重要抓手,这类业务通常被称为"企业衍生品(Corporate Derivatives)"。高盛、大摩等海外交易商均有专门的企业衍生品业务团队,其凭借专业的交易能力,利用企业衍生品灵活、可个性化设计的特点,帮助大型企业(主要为上市公司)避免在企业并购、员工股权激励、股票增持、减持等业务中所面临的期限、价格等方面的不确定性,简化大型项目的操作流程,降低业务成本,最小化市场风险,为实体经济创造价值。

完备且适当的监管原则、框架,也是引导企业使用衍生品提升经营效率、促进海外企业衍生品业务良性发展的重要基础。相较海外市场,境内企业衍生品在投资者教育、交易商展业、监管框架等方面均有待完善。投资者教育层面,上市公司使用场外衍生品管理风险的意识不强,通过参与衍生品交易提高经营效率的实践较少;交易商层面,具有组织企业衍生品交易实力的交易商数量较少,与国际一线投行仍有差距;监管框架层面,目前上市公司参与衍生品交易的相关信息披露、规则等仍有待完善。

为解决上述问题,本文以探究中国特色企业衍生品市场发展路径为目

---

* 课题负责人:孙守坤,中金公司股票业务部执行总经理。课题组成员:何翰铭、李伟杰、倪菁蔚。

标，回顾了海外企业衍生品发展的理论研究进展，分析了海外企业衍生品的主要应用场景和具体实践，综合比较境内外衍生品市场的监管框架，并尝试提供相关政策建议。

首先，厘清海外企业衍生品发展史，是梳理中国特色企业衍生品市场发展路径的基础环节。本文梳理全球衍生品市场的发展历程，并从学术研究视角，对企业使用衍生品的相关学术论文进行分析，基于已有研究可知，企业衍生品在判断管理层创造利润的能力、降低股权成本、丰富收购/反收购的策略工具箱、节约股份回购成本等方面均有显著作用。

其次，总结海外企业衍生品的主要应用场景和具体实践，是提高境内交易商产品设计及交易能力的重要环节，为设计符合中国资本市场特点的企业衍生品结构打下基础。

应用场景上，金融衍生工具可以有效帮助企业在股权并购、员工持股计划、股票回购等交易安排中更好地控制交易风险、降低交易成本。在股权并购模式下，企业通过企业衍生品可以在一定程度上锁定收购价格区间，相比于传统的并购交易，企业可以通过设置最大损益，以获取银行融资便利，提高回购资金利用效率，便于回购交易顺利进行；在员工持股计划中，企业同样可以通过领子期权结构，对于员工持股平台的股票资产设置盈亏上下限，从而锁定持股计划的最大损益幅度，这样一方面可以有效防范尾部风险，锁定员工激励，提高公司治理效果，另一方面也可以借助保证金交易优势，释放部分资金占用，提高企业资金利用效率；在股票回购交易中，企业可以借助券商的专业交易能力，委托券商代为买入股票，并通过签署衍生品回购协议约定回购交易的期限、金额、价格等具体交易要素，提前锁定回购成本，避免因市场价格波动而造成回购价格过高或导致回购金额不足的情况。

具体实践案例上，本文研究整理了境内外企业衍生品的有关理论基础和现实案例。海外市场近年来的衍生品市场发展历程和研究经验对于我国境内企业衍生品业务的开拓有重要的指导意义，如2020年首次A股市场衍生品回购交易，即是参考了海外市场的相似交易模式，基于国内现有监管框架和企业回购准则，经过券商的结构创新，最终形成了A股市场里程碑式的企业衍生品案例。

此外，整理海内外企业衍生品监管框架发展历程，探索适合当前发展阶段的监管原则、框架，是推动衍生品业务服务实体经济的制度保证。因此，本文总结了全球场外衍生品市场发展格局，重点梳理了美国、我国香港及境内场外衍生品市场的监管框架及监管逻辑，并尝试给出境内衍生品市场监管框架的发展方向。

为更好地服务实体经济发展，本文通过比照海内外衍生品市场发展历程及市场基础设施建设，得到对境内企业衍生品业务模式的启发，并结合海内外市场的监管体系框架，分别从交易商管理、投资标的范围、信息披露机制、场内对冲工具类型、结算交割方式等方面提出政策参考建议。

交易商管理方面，建议适度放宽一级交易商业务限制，鼓励业务创新。截至2022年末，我国已注册的可从事场外股票衍生品业务的券商有45家（其中一级交易商8家、二级交易商37家），与之相对的，全球场外衍生品核心交易商仅14家。参考海外经验，可对交易能力和业务规模排名靠前的券商发放核心交易商牌照，适当放宽业务限制，鼓励其业务模式的发展，并在公平竞争和市场演进中进一步缩小核心交易商范围，从而逐渐形成合理分层的场外衍生品市场结构。同时，应对其余券商进行业务范围限制，一方面限制其对于场外衍生品的交易，另一方面允许其申请场外衍生品的经纪牌照，从事经纪商和渠道业务，从而更合理地配置资源，盘活市场流动性。

标的范围方面，建议适度放宽可投资标的范围。随着衍生品市场发展逐渐成熟，投资者对场外衍生品市场的认识越发充分，市场对于场外期权标的扩容的呼声也随之提升。考虑到近年来科技创新领域的发展潜力，可以当前个股场外期权标的范围为基础，纳入2022年10月新"两融"标的，以及"两融"标的范围内科创板股票及注册制下的创业板股票。同时，可在沪、深证券交易所、中证指数公司、深圳证券信息有限公司发布指数的基础上，纳入在Wind、MSCI平台发布的指数，允许证券公司以自行编制的定制化指数作为期权标的，可对定制化指数的标的数量、行业分布等要素作出相应规范。

信息披露机制方面，建议明确信息披露机制。从适当性角度，尤其是大股东信息披露方面，可借鉴海外监管机制的经验，对进行场外衍生品交易的大股东实行直接持股和间接持股的事前报备披露制度。因场外衍生品本身性质的复杂性，其对持股比例的影响可能不会被所有投资者（尤其是个人投资者）正确理解，为避免对公众造成误导，间接持股的披露可先从向监管机构披露开始，明确上市公司及大股东参与场外衍生品交易信息披露要求。

对冲工具可选范围方面，建议进一步丰富场内对冲工具、完善证券公司融券机制。可在现有融券机制基础上，允许证券公司向以公募基金为代表的第三方金融机构协商借券，推动融券业务市场化发展，降低融券交易成本。

合约交割方式方面，建议允许丰富企业衍生品交割方式。目前境内场外衍生品结算仅限于现金交割，无法采用股票非交易过户的实物交割。由于我国境内资本市场基础设施限制，目前场外期权业务仅支持现金结算方式。实物交割是促进权益类衍生品市场发展的重要基础设施之一，当投资者通过期权交易实现建仓需求时，受限于现金结算方式，期权到期后投资者无法与证券公司进行股票实物交割，证券公司只能平仓与投资者现金结算，对市场也会产生一定的冲击。可考虑推行场外股票实物交割机制，从单一交割方式向多元化交割方式发展，降低投资者期权建仓策略成本和市场冲击。

资本市场系统性风险研判与防范研究

东北证券股份有限公司　复旦大学经济学院[*]

当前我国资本市场潜在风险的"四性"特征主要包括突发性、复杂性、外溢性和传染性。我国资本市场体系面临的风险源"点多面广",金融风险在资本市场各子市场间存在交叉传染效应、溢出效应和共振效应。我国资本市场体系对于实体经济和国际经济金融环境的突发变化具有较强的敏感性,各个子市场可能出现突发性的异常波动,潜在风险呈现出"突发性"特征。同时,我国资本市场体系的逐渐完备使得各子市场间的联系更加紧密,可能会出现风险的跨市场传染,形成子市场间的风险交叉传染,金融风险因此具有了显著的外溢性。此外,股票、债券、衍生品、大宗商品等子市场潜在风险具有更显著的跨市场关联性、交叉传染性特征。

聚焦对我国资本市场压力状况监测,本文基于股票市场、债券市场、金融衍生品市场构建我国资本市场压力综合指数,直观地监测中国资本市场系统性风险压力状态,并进一步根据资本市场的风险状况判断中国资本市场体系风险压力水平。在资本市场风险等级划分的基础上,结合子市场压力指数的等级划分,分析资本市场所受压力的结构并解析压力构成,并对近年来我国资本市场重大风险压力时段及其压力来源做出判断。从中国资本市场重大风险压力的监测指标看,2008年美国次贷危机引发全球国际金融危机、2011—2012年欧债危机对我国资本市场产生明显的溢出效应;

---

[*] 课题负责人:董晨,东北证券副总裁兼战略规划部总经理;张宗新,复旦大学经济学院学术委员会委员。课题组成员:孔让峰、黄梓健、张莉莹、金佳琦、张帅。

2013年金融市场体系"钱荒"导致债券市场压力攀升,成为资本市场风险的主要来源;2015—2016年,我国资本市场持续面临较高压力;2017年,资本市场三次进入较高压力状态,金融"去杠杆"政策导致债市压力指数有所上升;2018年,三个子市场均进入较高压力状态,导致资本市场压力指数升至高位,其中股票和衍生品市场主要受中美贸易摩擦影响,而债市则受债券违约事件影响;2020年初,新冠疫情导致三个子市场同步承压,其中股市和衍生品市场风险较为突出。2022年,在国内外多重因素影响下,资本市场风险综合指数有所抬升。

科技监管视角下如何对中国资本市场系统性风险进行科学性、前瞻性预警,是本文的研究重点之一,聚焦资本市场系统性风险的动态监测与前瞻性预警,构建基于金融科技监管的资本市场系统性风险监测预警体系。在构建适用于我国资本市场的重大风险监测预警指标体系的基础上,结合机器学习、深度学习等前沿科技,构建了针对我国资本市场的最优系统性风险监测预警模型。结果表明,基于随机森林算法的资本市场系统性风险预警模型,其预警精准度高,预警准确率达到94.44%,该预警模型能够有效地对中国资本市场重大风险进行前瞻性预警。进一步基于机器学习模型解释技术,对所得的中国资本市场系统性风险预测结果进行风险驱动因子的归因分析,进而评判系统性风险动态预警模型的合理性与预警性能。

最后,提出了中国资本市场系统性风险防范与化解的政策建议。政策建议具体包括以下四个方面:

一是基于《金融安全法》构建资本市场多部门风险协同防控体系。可基于《金融安全法》,健全"风险为本"的审慎监管框架,逐步建立中国资本市场宏观管理、微观运行监管、机构行为监管、重大风险处置管理以及资本市场危机管理的五大监管支柱,通过构建多部门协同的立体化、多元化资本市场风险防控联动机制,编织资本市场系统性风险强化防控的金融安全网。同时,继续加强跨市场、跨行业、跨区域和跨境风险监管,加强监管协同性和上下联动性,构建多维金融市场体系的安全性、稳健性,以及对于风险交叉与风险溢出、风险扩散的阻断机制。

二是以提高经济韧性与资本市场韧性为抓手提升资本市场抗风险冲击

能力。应进一步加强宏观预期管理，尽可能消除经济与金融政策的不确定性，稳定投资者，尤其是机构投资者预期，从而平抑资本市场波动风险。同时，继续聚焦服务实体经济、深化金融改革、防范化解风险这三条资本市场改革与发展的主线，深化资本市场改革，强化资本市场内生稳定机制，提升中国资本市场韧性和抗系统性风险冲击能力。

三是强化资本市场系统性重大风险动态监测与极端风险压力测试。依据"资本市场综合压力指数—子市场压力指数—基础指标"的风险压力指数分解链条，建议尝试建立"系统性风险—单个市场风险—特定类别风险"的多层次资本市场风险实时风险监测体系，并结合子市场压力指数判断潜在的子市场风险，从而实现对资本市场风险的总体评估、结构解析与来源追溯。同时，针对我国资本市场的"四性"新特征，应积极探索资本市场极端风险压力测试与"沙盘推演"，并寻求一揽子系统性风险管控方案。

四是基于金融科技监管方案建立资本市场系统性风险预警与管控体系。建议积极探索将大数据方法与机器学习相结合的金融科技监管，构建中国资本市场风险防范的科技监管框架与体系，从而对中国资本市场系统性风险进行预警、监测与管控。在资本市场系统性风险预警方面，可引入迁移金融科技前沿技术，持续提升资本市场系统性风险的监测精度与预警效率，从而构建能够精准预测更长期资本市场系统性风险状况的预警模型，对系统性风险水平实现实时监测与动态评估。此外，在资本市场系统性风险传染"断路器"机制的设计方面，应着力建设精确到主体、精确到产品的风险断路机制，及时完成风险拦截、隔离风险源。

"大资管"背景下的资产管理人民事责任及风险防范研究

国融证券股份有限公司　北京市天同律师事务所*

近年我国资产管理行业发展迅速,在金融市场中日益占据重要地位。"大资管"背景下,管理人妥善履职标准往往是管理人民事责任纠纷中的核心争议与聚讼焦点,有赖于监管实践、司法裁判、业务标准的进一步细化和完善。本文以券商资管为主要研究对象,从资管业务的法律适用出发,在既有法律规定和实践经验的基础上,对多类管理人进行调研走访,深入探讨管理人在"募投管退"各阶段的职责内容和履职标准,全面分析管理人的民事责任承担问题,并分别从管理人、监管、立法和司法四个视角提出管理人履职风险防范指引及政策建议,力图防范和化解资管业务风险,实现"卖者尽责、买者自负"的政策目标。

目前国内主要的资管业务类型包括信托计划、银行理财、券商资管、公募基金资管、期货资管、私募基金资管、保险资管等,明晰上述资管业务的法律性质与法律适用是分析和判断管理人责任的前提。就资管业务的法律性质而言,在《关于规范金融机构资产管理业务的指导意见》和《全国法院民商事审判工作会议纪要》出台之前存在"委托关系说"和"信托关系说"之争,该等争议的实质在于:是否应当要求管理人主动履行信义义务,以凸显管理人的主动管理地位;而在上述两项规范出台后,无论是

---

* 课题负责人:张智河,国融证券总裁;周卫青,天同律师事务所合伙人。课题组成员:陈冬涛、郭鹏、王融擎、游冕、袁野、高西雅、杜奔、黄小妹、雷林、李海宸。

监管、司法还是学理，基本都倾向于认可资管业务中投资者和管理人之间的法律关系本质上应为信托关系。虽然当前业务实践中仍存在例如公司制基金、合伙制基金、按照委托代理关系设计的"专户"产品等非信托关系的资管业务，但由于该等产品中管理人可能同样负有信义义务，且该类产品多已向信托关系转型，因此并不影响大资管业务下管理人责任的法律基础。

信义义务是"大资管"行业的基石，明晰信义义务的来源、内容以及豁免是厘清和细化管理人职责和履职标准的基础。就信义义务的来源而言，管理人基于其和投资者之间的信义关系，对投资者负有信义义务。具体而言，投资者和管理人之间成立信义关系有四项要件：一是管理人提供专业服务；二是管理人被授予财产或权力；三是存在财产或权力滥用的风险；四是市场无法避免此等风险或因交易成本原因无法建立保护机制。就信义义务的内容而言，可进一步将信义义务区分为忠实义务和勤勉义务（或称为"注意义务"）分别讨论。忠实义务要求管理人忠于受托目的，管理与投资者发生的利益冲突、公平对待客户；注意义务则要求管理人应尽到谨慎义务，尽最大努力为投资者最佳利益行事。就信义义务的豁免而言，忠实义务通常是法定的、强制的，但在管理人与投资者达成事前合意，或者管理人充分披露并取得投资者同意等特定情形下仍可约定相应减免；勤勉义务尽管可由当事人通过约定调减，但在通道业务中不可完全免除。

管理人信义义务内容的细化，特别是管理人的职责内容以及履职风险是管理人民事责任的核心，可根据资管行业的业务流程予以分析阐述，即资金募集、投资决策、运营管理和清算退出四个阶段。

募集阶段——适当性管理是此阶段管理人的核心职责。根据对业务实践和司法裁判的观察，管理人履行适当性管理职责的高频风险点在于：一是业务实践中存在"先投资，后（补）适当性"的适当性匹配虚化以及"推介"行为难以界定等疑难问题；二是司法裁判会特别关注风险评估问卷中的具体问题，并将投资者对特定问题的回答内容作为判断风险匹配是否适当的重要依据；三是对于风险揭示义务的履行，司法裁判除了在形式上审查是否签署"风险揭示书"外，往往还要实质审查投资者是否实际充分知悉风险。

投资阶段——管理人的主要职责是投前尽调充分、投资决策审慎、交易执行公平。根据对司法裁判的梳理和行业调研结果，发现该阶段实践中存在的问题包括：第一，因缺乏行业统一的尽调标准，判断管理人是否充分尽调是司法实践审查的难点。对此，本文认为，可从形式和实质两个角度判断。形式方面，审查管理人是否依据相关尽调规则开展了尽调程序并形成相应文件；实质方面，可从信义义务、合理审查义务、审慎经营义务等多角度综合判断管理人的尽调行为是否合理。第二，实践中，管理人未在"合理的范围内"行使投资决策方面的自由裁量权，"风格漂移"的现象较为常见，管理人实际投向的标的若与投资人约定及法定投资范围差距较大，则会有较大的担责风险。第三，对于是否"公平对待投资人"的判断，司法实践已发展出管理人和投资人"是否存在利益冲突"的判断标准。

管理阶段——管理人的主要职责包括估值核算、收益分配、信息披露、决定合同展期等。实践中的高频争议在于：一是何种情形下，管理人可调整估值方法。本文认为，应结合个案所涉情形与估值的相关性以及对估值的影响程度对合同进行解释，判断是否触发调整估值方法的条件。二是经检索相关案例，实践中较为常见的义务违反情形包括披露的信息失实、未及时披露信息、未按照约定方式予以披露等。三是管理人可否对合同进行展期是常见的纠纷类型，在缺乏明确约定时，管理人是否展期都可能面临履职风险。对此，建议可通过合同解释寻找管理人的权限依据，或者结合产品类型、参考《证券投资基金法》等已有的规范作出决策。

退出阶段——管理人的主要职责在于组织并参与清算和分配。资管纠纷实践中的突出问题在于：资管产品未清算完毕时，投资者能否要求管理人赔偿。理论上，无论投资者基于违约责任或侵权责任要求管理人承担赔偿责任，投资者均需要证明其损失金额。既往案例中，裁判机关倾向于认为资管计划未清算完毕时，无法确定损失，甚至在一定程度上抽象出"未经清算不得判赔"的代表性裁判规则。但近年也出现了部分资管计划未经清算、法院也合理认定损失已客观产生的裁判观点，例如"推定说"与"推定+退回说"等观点。"推定说"是法院合理行使自由裁量权，在资管计划未经清算的情况下，结合案件实际情况酌定投资者损失。"推定+退回说"是在"推定说"的基础上，法院进一步对资管计划清算后的财产分配作出处理，即如果资管计划清算后尚有清算财产，管理人有权在其赔偿范围内扣留所收回的款项，就余额部分再向投资者依约进行分配。本文认为后者值得借鉴推广。

在明晰管理人履职标准的基础上，本文进一步探讨了管理人民事责任的成立以及与其他主体之间的责任划分，以进一步厘清管理人民事责任的范围。管理人民事责任的成立以信义义务违反为核心，监管意见对民事责任的司法裁判具有重要参考价值。管理人民事责任的范围应以投资本息或预期收益为限，特定情形下可减免管理人的民事责任。就管理人与销售者之间的责任划分，司法实践并未普遍、一概判令管理人和销售者就违反适当性义务承担连带责任，这与本课题组调研了解的代销实务相吻合；管理人与托管人之间权责边界与责任划分则更为模糊；而管理人与投资顾问之间的责任划分实践中争议较少，本课题组在调研时注意到，业务实践对于投资顾问是否负有信义义务以及投资顾问是否需要直接向投资者承担赔偿责任，存在一定分歧。

最后，本文从管理人视角、监管机构视角、立法与司法视角，对管理人在资管业务"募投管退"各阶段的职责履行提出完善建议：采用管理人落实风险防范工作、监管部门细化监管规则、立法与司法协力构筑完善资管行业底层法律架构的"四管齐下"方略，是推进资管业务良性发展的关键。

全面注册制下融资融券风险标准参数管理体系研究

华创证券有限责任公司*

全面推行注册制是"十四五"规划发展纲要的目标之一，也是资本市场深化改革的核心主线。2019年以来，我国以科创板、创业板以及北交所为载体，持续深化注册制改革试点，扎实推进全面注册制各项准备工作。在这一过程中，融资融券业务作为注册制改革试点中的一项基本制度安排，充分发挥了其价格发现与活跃交投的市场功能，对改善注册制市场定价效率、提升市场流动性起到了显著的积极作用。由于注册制市场在发行制度、交易规则、市场风险等方面与核准制市场存在较大差异，深入研究注册制下融资融券业务的运行特征与风险管理、防范重点领域风险，对稳健推进全面注册制改革、进一步发挥融资融券在注册制市场的积极作用具有重大意义。

融资融券风险标准参数管理，是对融资融券标的证券保证金比例、可充抵保证金证券折算率、证券集中度等各项风险标准参数进行动态管理的统称，在证券公司融资融券风险管理体系中属于中端风控。相比于以投资者准入授信为主的前端风控和以账户风险处置为主的后端风控，中端风控管理方式最丰富、主动性最强、频次最高，贯穿投资者"两融"交易全过程。长期以来，关于融资融券风险标准参数管理的文献较为缺乏，与注册

---

* 课题负责人：刘硕，华创证券总经理助理、信用交易部总经理。课题组成员：卢阳、邹家齐、徐佳、徐冉、杨彦宇、任思语、李宜航、吴林远。

制市场相结合的相关研究相对较少。本文围绕如何建立注册制市场下更为科学合理的融资融券风险标准参数管理机制展开全面研究，对注册制融资融券风险管理优化具备重要的理论价值与指导作用。

  本文从融资融券业务风险管理的整体架构出发，运用公开信息收集与实地调研等方法，选取39家样本券商，对国内证券公司历时十余年建立起的，覆盖融资融券业务前、中、后端的风险管理体系现状展开梳理，系统整理出国内大、中、小型证券公司融资融券注册制风险标准参数的管理现状，弥补了国内该领域研究的行业数据缺失。分析结果发现，国内证券公司普遍已经建立起基于上市公司质地与行为信息的风险分层评价模型，对可充抵保证金证券折算率、标的保证金比例及证券集中度等指标进行动态管理。其中，证券公司对于可充抵保证金证券折算率、标的保证金比例已基本实现精细化管理，将其与证券基本面挂钩实现逐一精细的测算调整，但普遍对证券集中度的管理相对粗放，仅少数券商采取了精细化的管理模式。此外，对比研究美国、中国香港市场融资融券业务风险标准参数管理经验发现，成熟市场对于相关参数的管理精度更高，也更加重视结合证券质量、集中度等因素的动态保证金比例管理。

  本文从定量分析角度，对各风险标准参数在信用账户的风险管控效用展开对比研究。创新性提出基于蒙特卡洛随机模拟的标准参数组合压力测试，通过构建标准参数组合与信用账户维持担保比例变动的多元回归模型，剖析梯度量化市场风险情景下，不同参数与信用账户维持担保比例的相关性。相关结论包括可充抵保证金证券折算率与标的保证金比例两项参数，直接影响信用账户安全垫水平，但集中度对尾部账户维保下跌的熨平效果更加突出。针对注册制市场"两融"风险特征，集中度指标具备其他参数无法替代的极端风险管控能力，当前证券公司对于注册制市场的集中度管理模式，可能不适应全面注册制发展下的融资融券业务风险管理需求。

  为进一步分析证券集中度指标的风控效用与账户质量影响，论证精细化的集中度管理模式有助于改善信用账户质量的合理假设，本文运用实证分析方法，根据注册制证券历史成交数据与行业标准参数调研成果，尝试提出一个具有行业代表性、逻辑清晰、可复用的精细化集中度管理方法，在前文压力测试模型基础上，创新性搭建风险效用静态回测模型与账户质量动态回测模型，模拟不同集中度管理方式下信用账户的交易。实证结果表明：一方面，精细化的集中度管理模式不仅能实现更好的风险管控效果，还可以有效提升信用账户交易的灵活性；另一方面，采取精细化集中度管理模式的信用账户，在连续交易过程中账户收益率整体更好，"两融"交易对流动性的贡献提升，信用账户整体质量优于粗放模式下的测试样本。

最后，本文立足全面注册制下融资融券业务风险管理的现实需求及行业长远健康发展，提出注册制下融资融券风险标准参数管理的一系列优化建议：一是建议证券公司持续关注和优化风险标准参数的管理体系，从强化独立的中端风控管理建设以及针对性加强注册制市场研究两个方面入手，充分发挥标准参数对于注册制融资融券风险管理的关键作用。二是结合定性与定量实证研究成果，建议证券公司完善当前标准参数管理的弱环，加强对集中度指标的综合评估与量化分析，运用"两融"风险评价模型的成熟经验，提升集中度管理精度；同时借鉴境外市场经验，探索建立注册制市场融资融券动态集中度盯市机制，对于不同维保比例或其他风险条件的账户设置动态集中度指标与追加担保物要求，增强对于信用账户的过程风控管理，打造更为灵活有效的集中度管控模式。三是加强科技金融与风险标准参数管理的融合，在注册制融资融券业务的长远发展规划中，将行业重点推进的基于数据挖掘与人工智能技术发展的融资融券客户画像技术，与风险标准参数管理相结合，提升科技赋能与大数据处理下的管理精度，实现风险标准参数与客户分类管理的顺畅衔接。

中小券商信用风险管控多元数据融合解决方案研究

华金证券股份有限公司[*]

近年来,证券公司信用风险相关业务规模大幅增长,与此同时,行业也面临资本市场业务创新导致信用风险复杂化、内外部环境面临百年未有之大变局等因素带来的复杂市场环境。在此背景下,证券公司信用风险管理的复杂度日趋提升,对信用风险管理能力提出更高要求。中小券商相对大券商信用风险管理资源较少、投入受限,在构建适应监管精神、贴近自身体量与业务特点需求的信用风险管控机制方面仍存在较大的优化需求。

信用风险管理提升需求推动外部信用服务市场逐渐兴起,已广泛应用于证券公司信用风险管理的各流程节点。有鉴于此,本文基于供需两端的调研视角,广泛搜集大、中小型券商及外部信用服务商调研数据,分析中小券商信用风险管理的建设现状,比照与监管要求、业务需求之间的差距,并通过工具及方法论的搭建创新性地提出了中小券商信用风险管理效能提升的一体化解决方案,主要研究思路及理论分析如下:

首先,通过对中小券商、外部信用服务商的广泛深入调研,明确中小券商信用风险管理在全面性、准确性、时效性等方面的客观优化需求及可用外部专业资源。

本文从监管要求、业务需求两方面归纳中小券商信用风险管理的需求

---

[*] 课题负责人:燕文波,华金证券总裁。课题组成员:郭晓晖、傅昌銮、俞宁子、汪世奎、陈绿原、宁娇蓉、茅嘉鹤、吴承凯、李熙伟、段默涵、范艳韵、沈舒婷、蒋晟阳、王晨旭。

特征。监管要求方面，监管部门在治理结构、政策制度与管理流程、系统应用方面着重强调信用风险管理的全面性，在数据管理与信息系统、计量工具方面更为重视信用风险管理的准确性和时效性。业务需求方面，其一，各业务板块对信用风险管理的需求各有侧重；其二，信用风险管控工具需要兼具高效、实用、投入产出高等特性；其三，中小券商存在准确评估信用风险敞口与多样化应用风险管控工具的客观需要。

本文对国内主流的外部信用服务商进行了调研，结果显示外部信用服务商在业务发展方向上各有侧重，大致可分为数据、研究、系统三个方向，年收入在千万元至亿元级别，信用服务市场已具备一定规模。相比于中小券商，外部信用服务商在信用风险管理领域具备更多优势，包括领先的专业技术积累及金融科技应用、数据信息渠道集成优势、丰富的人力储备和行业研究经验、多元的金融风险管理产品经验等。

本课题组组织"证券公司信用风险管控引入外部信用服务的调研"（匿名），结果显示证券公司对外部信用服务的使用率较高且应用范围广泛，借助外部信用服务中小券商已普遍构建信用风险管理框架，但在充分落实监管指导意见、满足业务需求上仍存在较大的优化空间。相关差距具体表现在三方面：其一，在信用风险管理全面性上，少数中小券商需加强信用风险的全流程管理；内部评级覆盖的主体范围有限；信用风险管控工具未充分覆盖核心业务范围。其二，在信用风险管理准确性上，内部评级的准确性和可用度不足；部分信用风险计量模型建设缺位，系统化程度低；部分中小券商对于授信限额管理的精细度不足。其三，在信用风险管理时效性上，内部评级的跟踪监测频率较低；准入名单机制的更新维护时效性不足。

其次，基于中小券商信用风险管理优化需求及资源限制，进一步探索中小券商差异化应用外部信用服务，通过多元数据融合加强工具应用效果，进而提升信用风险管理效能的解决方案。

本文全面梳理市场外部信用服务资源，形成"外部信用服务工具箱"，包含底层数据、中间工具、应用产品三大类别，具备不同的加工深度和应用场景。中小券商可以根据具体业务的重要性和风控颗粒度要求，结合自身资源禀赋，自主选择工具箱中的适用类别产品。在此基础上，提出多元数据融合解决方案，包括内外资源、多元数据及业务特性三个维度的融合：其一，基于市场信用服务资源，融合内外部资源，实现信用风险管理的全面性及经济性建设；其二，采用多元数据信息，通过量化模型融合实现信用风险预警，提升信用风险管理的时效性和准确性；其三，针对不同业务特征，针对性地加强关键环节风险管控，提升信用风险管理的有效性。

本文就多元数据融合解决方案在主要信用风险管控工具中的应用给出具体建议：一是在舆情监控上，构建全面、及时的智能化舆情监控系统；构建多元数据融合的舆情量化预警机制，提升预警准确性；舆情监控系统联动黑、白、灰名单及业务管理系统，提升管控时效性。二是在内部评级上，建立数据驱动的内部评级体系，提高内部评级覆盖全面性；建立"内部评级＋舆情预警"联动机制，提高内部评级时效性与准确性；根据业务特性构建多套评级符号并行的自动化、智能化内部评级体系。三是在同一客户同一业务管理上，实现同一客户、同一业务的准确识别监控及全面系统集成管理。四是在统一授信限额管理上，建立精细化的统一授信管理体系，加强统一授信系统联动与动态管理。五是在减值计提上，建立体系化的基础数据库服务于减值模型参数设定；联动内部评级和风险预警体系数据，提升减值模型精确度。

最后，本文广泛采用外部信用服务商数据进行实证研究分析，验证了多元数据融合方案的可靠性、有效性。一方面，已有中小券商基于外部信用服务采用多元数据融合成功预警房地产行业及地产企业风险的应用案例可循；另一方面，本文以房地产行业的债券违约预警为例开展实证研究，表明多元数据融合对内部评级模型的准确性、时效性提升成效显著。

本次实证研究基于两个主要目的：一方面，运用逻辑回归算法，在传统以财务指标为主的内部评级模型中融入舆情信息及固收交易行情信息，以验证多元数据融合模型相对于传统内部评级模型具备更强的信用违约风险预警效果；另一方面，基于外部信用服务工具箱构建模型有效性的偏离度监测，验证其可实现自动化监控和有效预警，有助于中小券商对信用风险管理实质的自主把控。

基于传统模型，根据模型解释变量是否新增舆情信息和固收交易行情信息得到三组模型评价结果：传统模型、"传统模型＋舆情"融合模型、"传统模型＋舆情＋行情"融合模型。对模型评价结果进行对比分析，实证结果显示模型的有效性得到逐步提升，其中"传统模型＋舆情＋行情"的多元数据融合模型预警效力最优。此外，本文将上述模型的违约预测结果与中债隐含评级建立评级映射，并通过计算评级偏差监测模型偏离度。自 2021 年 9 月起偏离度值开始显著上升，提示模型有效性下降风险，其中"传统模型＋舆情＋行情"融合模型偏离度相对最小。而房地产行业自 2021 年 9 月以来信用风险加速暴露，显示偏离度监测预警具备有效性。

总体而言，进一步加强信用风险管理能力对保障证券行业稳健经营、维护金融体系稳定性、更好落实证券公司服务实体经济和有效防控风险的社会责任均具有重要意义。对于中小券商而言，信用风险管理不仅要避免"闭门造车"与"拿来主义"两个极端，更要实现内外资源充分整合和有效利用。本文提出了以外部信用服务工具箱为工具、以多元数据融合为方法论、以中小券商主要信用风险管控工具建设为场景指导的信用风险管理效能提升一体化解决方案。进而，从监管层面提出政策建议，从中小券商层面给出优化意见，以供辩证参考。在政策建议上，一是建立信用服务商与证券公司的联动机制与交流平台；二是加强信用服务商行业协会及自律体系建设；三是细化监管要求，基于中小券商的业务侧重实施分类信用风险管控评价。在优化意见上，一是主动拥抱信用风险管理数字化、智能化转型浪潮；二是深化信用风险管理中的多元数据融合应用；三是集中资源优先提升重点业务的信用风险管控能力。

量化、高频等新型交易方式风险分析与防范研究

申万宏源证券有限公司[*]

近年来，我国量化投资行业发展迅速。截至 2022 年 12 月 31 日，百亿私募数量已达 112 家，其中量化私募也有 28 家。随着中证 1000 股指期货和期权合约的上市，资本市场中对冲工具也日益完善，未来将会有更多的机构投资者使用数量化的方法进行投资。面对日益增长的量化产品规模，市场中关于量化、高频等新型交易方式的讨论不断增加：一是目前市场中量化、高频策略有哪些，策略现状与发展趋势是什么；二是不同的策略收益来源是否相同，存在哪些风险，对市场又有怎样影响，是否会损害其他投资者利益；三是针对量化策略、高频交易，国际市场是如何进行监管的，发生过哪些风险事件，这些事件对量化、高频交易的风险防控有何启示；四是针对复杂多变的量化、高频策略，应该如何改进目前的程序化交易监管体系，对量化、高频交易的策略风险、交易风险和市场风险进行防范。

本文立足于证券公司自营部门在做市交易、量化策略开发、私募委外投资方面丰富的业务经验，将金融理论与投资实务相结合，对上述四个问题进行解答。首先，按策略盈利逻辑对目前市场中的量化高频策略进行分类，分析各类策略的收益来源、风险特征和市场影响。在这基础上，对市

---

[*] 课题负责人：李雪峰，申万宏源证券执行委员会成员、证券投资委员会主任。课题组成员：许斅、庄凡、李庚、王超、陈杰珉、吴杰楠。

场中较为关注的日内回转、日间量价和基本面量化策略进行复现，对策略收益和风险特征进行实证分析。随后，对国内外监管措施与交易规则演变进行梳理。其次，结合美股"闪电崩盘"、骑士资本异常交易等风险事件，分析高频交易、程序化交易和量化策略在这些事件中扮演的角色。最后，基于分析结果，从投资者、券商和市场角度为量化、高频策略的风险防范提出相关建议。

通过研究，本文得出以下主要研究结论：

第一，近年来，量化交易在我国发展迅速，为市场贡献了大量成交量。从监管角度看，量化策略可以分为高频做市、日内高频和中低频量化策略。在这些量化策略中，股票中频、低频量化规模占比最高。量化策略未来的发展趋势是数据更多元，模型更精细、更复杂，程序化交易更迅速、更普及。但是，随着越来越多机构参与量化市场，量化策略超额收益会逐步下降至与其风险相匹配的水平，市场有效性会不断提高。

第二，不同策略有着不同的收益来源与风险特征，量化投资只是专业投资者的一种投资方式，多数策略并不会影响市场交易的公平性。高频策略具有高换手、交易量大、成交迅速、单笔盈利微薄的特点，受交易费用、市场流动性和交易滑点的影响较大。除做市策略外，其他策略的规模都相对有限。高频做市策略收益来自买卖价差、敞口暴露、交易所费用减免和回扣；风险主要有逆向选择和存货风险；做市交易可以有效降低市场中买卖价差、提高市场流动性，但在极端行情中导致流动性缺失。

低频股票量化策略主要包括日间量价策略和基本面量化策略两类。日间量价策略的盈利来源主要是市场中短期可预测性，这种可预测性主要是源于交易行为或是信息导致的截面错误定价。日间量价策略会为市场提供大量的成交量，加速市场对信息的反映，减轻市场中的错误定价。同时，由于策略多是买卖同时进行，一般不会导致市场整体大幅波动。当市场可预测性减弱或是市场环境发生突变时，策略有较大亏损的风险。策略同质化会导致因子的失效，与之相对的就是策略收益下降，波动增加，也可能出现模式（模型）抱团的现象。

基本面量化策略的收益风险特征与主动管理基金类似，盈利来自对基本面信息的分析。这类策略整体的换手率较低，资金容量大，对交易费用不敏感。因此，同主观策略一样，可能会出现策略报团的情况，具体表现为市场机构抱团某一风格或行业，相关产品净值随着对应风格一同变化。

除上述策略外，量化策略还包括量化资产配置策略、套保、对冲、衍生品组合策略等。资产配置策略的收益源于各个子策略的收益，通过利用子资产间的低相关性与负相关性，使用模型平衡各类资产之间收益与风险来获取更为稳健的投资收益。风险主要来自子策略失效与极端行情下资产相关性增加。衍生品策略的风险主要集中在杠杆的管理上。

第三，国际市场中，监管主要是对程序化和高频交易实施监管，主要从市场准入、账户监管与流量监控、异常交易与市场操纵认定、应急处置、交易机制创新等方面制定相关规则，保证交易公平，维护市场稳定。回顾近年来国际市场出现的关于量化、高频的风险事件，基本可以归结为自动化交易程序异常和有害高频策略两点，相关监管机构也在事件发生后有针对性地制定了监管规则。程序异常方面，多是由于投资机构疏于对策略程序、程序化交易系统的审查所致。

针对量化、高频等新型交易方式风险防控，本文从资产管理人、证券公司和全市场监控三个角度，提出如下建议：

市场方面，不同量化策略有着不同的风险特征，监管可实施差异化监管，从做市业务的监管、程序化交易监管和量化策略追踪三个方面进行加强。做市业务方面，可以在加强业务考核的同时，给做市商增加优惠，更好地为市场提供流动性。程序化交易、高频交易监管方面，可以尝试从全市场层面对做市业务交易量、程序化交易的交易量、资产回转交易强度等方面进行监控。量化策略追踪方面，可尝试对主流因子、策略收益回撤表现、拥挤度、因子组合换手率等方面实施监控。

券商作为交易平台的提供者，很难做到对投资者策略代码和投资逻辑进行监控。但作为交易系统的提供方，更多的是需要在程序化交易的市场准入、交易系统管理和交易风险控制等方面加强建设。程序化交易系统在建设时应充分考虑系统容量、交易公平、可拓展性等因素，实现必要的数据采集、流量监控与异常处理。

对于量化策略的管理人与开发者来说，需要做到以下几点：一是了解量化策略的收益来源与风险来源，做好策略风控的第一步；二是从市场容量、交易冲击成本、策略趋同后果等方面评估策略的市场影响；三是在开发策略时应保证交易的合规性，避免频繁报撤或是通过短期影响价格趋势并以此获利的交易策略；四是尽最大可能保证策略代码、算法逻辑、数据的正确性，对于专业的量化投资机构，可考虑建立一套全流程的风险管控系统，以确保策略整体风险可控。

证券公司声誉建设研究

中信建投证券股份有限公司[*]

证券公司声誉建设,是证券公司通过客观开展声誉建设,以期与证券公司存在行政监管、自律管理、业务往来等社会联系的外部主体,提高对其主观声誉评价的建设活动。证券公司自身开展的客观建设活动是证券公司声誉建设的核心内容。当前证券行业声誉建设理论研究、实践活动有限,为推动证券行业高质量发展,本文通过系统化研究证券公司声誉建设,力争为证券公司声誉建设提供理论支撑和实务建议。

本文研究认为,证券公司声誉建设具有内外部二元结构。证券公司既需要在内部建立健全自身声誉建设的相关机制,又需要回应外部主体的相关关切,以期实现内部系统建设与外部评价约束的二元统一,推动市场化证券公司声誉生态实现良性循环,促进行业实现高质量发展。

在证券公司声誉建设的内部机制上,证券公司应当在内部构建"声誉资本积累机制""声誉激励约束机制""声誉风险管理机制""声誉受损恢复机制"。在主动作为方面,证券公司既要建立"声誉资本积累机制",在经营活动中注重声誉资本的积累,夯实声誉基础,培育声誉增长点,又要建立"声誉激励约束机制",在内部治理中注重应用声誉激励和约束措施,激励员工和公司各部门多做有利于声誉积累的积极活动,约束员工和公司各部门不做有害于声誉积累的消极活动。在被动应对方面,证券公司既要

---

[*] 课题负责人:丁建强,中信建投证券执行委员会委员、合规总监。课题组成员:凤雯杰、钟玉玮、石济尘、亚云浩。

建立"声誉风险管理机制",在风险管理中加强对声誉风险系统性防范,类型化制订声誉风险管控方案,又要建立"声誉受损恢复机制",在声誉事件或声誉风险发生后,分类处置,以期及时恢复受损的声誉。

证券公司以外的外部主体的评价,构成对证券公司声誉建设质量的外部约束。根据"看门人"理论,证券公司作为证券市场中介机构应具备良好的职业声誉,并以之向各市场主体传递证券市场有效信息。在我国证券市场,证券公司作为看门人面临多维度审视,根据与证券公司不同的社会联系类型,证券公司声誉建设的评价主体主要分为四类:行政监管类、自律管理类、评选报道类和业务联系类。

当前阶段,我国证券市场市场化声誉机制发挥作用有限,主要存在证券公司声誉意识不强、投资者和客户声誉敏感度不高、声誉建设理论不完备、声誉机制体系不健全等问题。为解决上述问题,结合证券公司声誉建设体系构造的理论梳理和实证分析,本文提出如下实务建议:

第一,证券公司应当在内部积极作为,建立健全声誉建设内部机制。

一是建立声誉资本积累机制。证券公司可以采取"管理层、业务层、宣传层"的分层策略,结合相关监管规范在业务实践中积累声誉资本。管理层应加强声誉建设科学治理,将声誉建设纳入党建活动、公司章程、战略规划,树立声誉建设管理意识,明确声誉建设全局观念,树立重大决策声誉观念。业务层应将声誉建设活动执行落地,加强廉洁从业、公平竞争、执业质量、统一客户和员工行为管理、投资者保护、社会责任、配合监管声誉建设。宣传层应主动维护声誉,加强品牌形象管理,加强舆论宣传引导,加强舆情系统开发使用,谨慎参加第三方评选活动。

二是建立声誉激励约束机制。证券公司应当根据自身企业文化、业务导向,建立符合自身的声誉激励约束机制。明确整体导向、实现目标、实施战略,拟定公司声誉激励约束制度,组建声誉激励约束的负责机构来牵头实施声誉激励约束措施,完善配套业务流程配套适用具体的激励约束方法;根据实际运作情况进一步完善机制并实现系统化运作。以实施对象层级为标准,证券公司可以按照公司管理层、部门落实层、员工执行层来分层实施相应的声誉激励约束措施。

三是健全声誉风险管理机制。《证券公司声誉风险管理指引》出台后，证券公司已建立"向下管理"的风险管理制度。但证券公司声誉风险可能传导至证券公司股东，证券公司有必要就声誉风险启动"向上管理"。在今后的相关制度规范中，可考虑补充对"证券公司股东声誉风险"的相关内容，如"明确证券公司股东发挥自身声誉建设带动作用，加强证券公司股东合规经营、杜绝声誉风险传导"等，进一步完善证券公司声誉管理相关制度。

四是建立声誉受损恢复机制。证券公司面临声誉风险时，应当及时恢复声誉，梳理声誉事件的类型，详细分析声誉风险的情况，在声誉风险潜伏期启动识别预警，进行风险排查、舆情监测，建立风险防控机制；在声誉风险暴发期启动风险应对方案，及时汇报公示、统一口径适时发声；在声誉风险淡化期开展反思总结，完善管控措施，全方面恢复公司声誉。

第二，证券公司需要关心外部主体对证券公司声誉建设的外部评价约束。证券公司声誉建设除了需要证券公司做好自身建设，还需要相关外部主体的参与，内外部相结合，以期推动市场化证券公司声誉机制发挥作用。

一是监管部门可以进一步指引声誉建设方向。例如增加制度供给；增强声誉评价应用场景，将声誉纳入评价体系；丰富声誉表现形式，完善证券期货市场失信记录查询平台、证券期货市场诚信档案数据库等声誉信息数据平台；支持声誉长期良好的证券公司先试先行监管政策、探索新业务；加强声誉激励，引导证券公司及从业人员珍视自身声誉；督促引导证券公司积极开展声誉管理培训宣导；扩大全媒体的主动策划宣传力度，多维度展示声誉建设成果等。

二是自律组织可以进一步传导声誉建设路径。例如结合监管政策，跟进配套证券行业声誉建设自律管理规则；以《证券行业诚信准则》为指引，联合监管部门开展证券行业诚信评估，将评估结果纳入证券期货市场诚信档案数据库；开展证券公司和从业人员声誉画像，强化对机构及人员的诚信自律和声誉约束；开展分层分类自律管理和提供服务，实施差异化管理，细化自律管理和服务提供的区别度；完善行业执业声誉信息库；以行业培训、投资者教育、编制业务示范实践等方式引导证券公司重视声誉等。

三是第三方评选机构应当严肃开展证券公司声誉建设第三方评选活动，加强评选行业自律准入管理，加强公开、公平、公正的评选规则管理。同时，新闻媒体应当秉持专业精神和中立视角，客观报道证券公司声誉建设评选结果。

四是监管部门、自律组织、证券公司、第三方评选机构和新闻媒体等都应当加强引导投资者和客户关注证券公司声誉建设，培育声誉敏感度。

综上，以声誉建设为切入点，各方可共促证券市场形成"高声誉等同高执业质量"的认知共识，推动证券公司形成"共建良性声誉生态"的行动共识。

证券公司自研指数合规管理研究

中信证券股份有限公司*

回顾历史,指数发展伴随着金融市场标的扩容以及投资理论的发展而不断前进,整体呈现从简单到复杂、从现货资产到衍生品资产、从单一资产到跨资产发展的趋势。在这个过程中,以投资银行、商业银行为代表的金融机构发挥了重要作用,开发出一系列重要指数。目前,金融机构自研指数实践较为发达的代表性市场有美国市场、欧洲市场等。亚太市场普遍由于缺乏本土大型投行,因此金融机构自研指数发展相对较为落后。

境内对于指数的实践主要包括沪深证券交易所发布的指数、权威指数公司开发的指数及证券公司的自研指数。交易所及权威指数公司编制发布的指数多为宽基指数,具有明显的市场表征性,用来向投资者揭示某个领域金融资产的市场表现,但无法兼顾指数的策略性和可交易性。证券公司自研指数多以策略性为主,并且注重指数的可交易性。证券公司自研指数作为重要补充,与交易所及权威指数公司指数共同构成境内指数市场的多层次指数体系。证券公司自研指数的主要模式有与独立指数公司合作开发指数、与商业银行合作开发指数、独立开发指数三种。

境外金融机构自研指数的监管主要遵循国际证监会组织发布的《金融市场基准原则》。《金融市场基准原则》主要围绕指数管理人的内控管理和指数的全生命周期运作加以系统规制,要求指数管理人切实履行决策、设

---

* 课题负责人:周俊,中信证券合规部行政负责人。课题组成员:吴紫艳、张国静、廖若昕、刘斐然、宋融、施睿、吴京、张橙逸、陈文涛、黄怡欣、高智淳、江涵、李志豪、张佳峥。

计、编制、运营、监督等核心职责，并对指数编制、发布、修改、应用、终止的全生命周期加以有效管理。《欧盟基准指数监管条例》是以国际证监会组织《金融市场基准原则》为基础制定的全球范围内第一部有关基准指数的官方监管规定，从基准指数管理者、原始数据提供者、基准指数使用者三个维度阐述指数全流程管理的各项标准，并且将指数分类为关键指数、重要指数、非重要指数进行不同程度的监管，抓大放小，有效利用监管资源。新加坡、中国香港等市场，虽然未通过立法的方式明确指数监管规则，但是其官方主导的交易所或指数公司仍然根据《金融市场基准原则》的要求建立了指数业务内控管理机制。

境内法律规则层面尚未就指数形成一套成熟的监管政策。境内指数管理规则多为交易所及权威指数公司发布且仅适用于其自身，调整范围窄，效力层级低，金融机构发布的自研指数及指数产品化服务处于监管空白地带，客观制约了境内金融机构自研指数的发展。金融机构开展自研指数业务，实践中大多参照《金融市场基准原则》建立健全内控管理机制。

为完善和提升指数业务监管效率，同时保留行业活力，鼓励市场多元化发展，建议我国指数监管规则可借鉴《欧盟基准指数监管条例》，按照指数应用定性和指数产品化定量的结合标准，将指数划分为重要指数和非重要指数进行分层管理，并以监管指数管理机构为主、监管指数为辅确立监管原则，有效利用监管资源。对指数进行分层管理，可以优化监管资源，对影响国计民生的关键指数实行审批制强化监管，对其他非重要指数实行注册制或备案制，鼓励市场多元化发展。对证券公司自研指数，尤其供市场投资者进行资产配置的策略类指数，考虑到其市场份额不大、可替代性高、对金融市场稳定性和投资者信心等影响甚微，建议纳入非重要指数进行管理，交由行业自律组织进行规范引导。同时应进一步推动开放境内各大交易所的数据授权机制，要求指数管理机构合法地取得和使用相关数据。

通过对具有代表性的境外国际大投行与境内头部证券公司在自研指数应用方面进行比较分析，境内外金融机构对自研指数业务的管理机制均体现出遵循国际证监会组织《金融市场基准原则》主要内容的特征。建议证券公司通过以下方式完善自研指数合规管理：一是建立指数管理委员会，由其承担审查指数编制方法、监督指数业务相关内控机制运行、监督外包和数据提供者等核心职能；二是加强利益冲突管理，从人员独立、计算独立、考核独立、信息披露等方面防范潜在利益冲突；三是加强指数原始数据管理，对原始数据的数据来源、数据授权、数据校验、自由裁量权管控加强管理；四是充分的信息披露和风险揭示，便于使用者理解指数数据得出的原因和过程，并评估指数的代表性、与使用者的相关性以及作为金融工具参考的适当性；五是建立指数产品化审核机制，根据产品化的形式和风险特征明确投资者适当性的管理要求，向适合的投资者群体销售适合的指数产品；六是建立审查监督机制，监督自研指数制定的科学性、市场表现的合理性，并对内部控制的有效性进行监督检查。

场外市场估值应用研究
——构建以总市场价值为核心的场外衍生品动态风险监控监测体系

中证机构间报价系统股份有限公司　华泰证券股份有限公司
浙江工商大学[*]

近年来,中国场外衍生品市场迅速发展,在证券市场服务投资者财富管理、资源配置等方面发挥了重要作用,成为中国多层次资本市场体系的重要构成部分。然而,规模庞大、数量繁多的场外衍生品因其产品的非标准化、结构复杂化、投资者多元化难以形成统一的报价机制,产品的估值相对复杂,风险的分析极为复杂。传统的基于名义本金的风险管理体系在实际监管过程中难以匹配金融机构风险净资本的管理要求,也不能服务于风险管理的动态性和前瞻性需求。因此,如何构建一套动态、实时的场外衍生品风险监控监测体系,既是场外衍生品市场风险管理"看得清、管得住"的必然要求,也是资本市场落实党的二十大报告要求"守住不发生系统性风险底线"的重要工作。

总市场价值（GMV）是指所有未到期的衍生品合约的绝对值总和,其中包括市场价格评估为正值或负值的情况,它提供了一个衡量衍生品市场规模和经济意义的标准,记录了场外衍生品合约生效后持有人的损益,可

---

[*] 课题负责人:潘燕,中证报价数据服务部助理总监;邓弋威,浙江工商大学金融学院金融工程系副主任。课题组成员:王磊、张辉、产超平、朱赫喧、李岱阳、陈钟平。

以在不同市场和产品之间进行比较。GMV 的核算依赖场外衍生品估值体系，是度量各参数变动而导致合约价值变化的指标。以 GMV 为核心的风险监控监测体系能够反映场外衍生品的实时价值变化，避免名义本金核算带来的风险监测静态化、风险管理低效化和风险预警机制缺失的问题。

构建以 GMV 为核心的风险监控监测体系也是交易报告库服务监管、服务市场的重要职能之一。交易报告库通过较为全面的数据汇集，进一步模型化、系统化处理，一方面，及时反映从基础资产到场外衍生品的收益和风险传导机制，为监管部门准确评估市场的规模与风险提供依据，对市场能够看得透、管得住；另一方面，对市场中的发行人与投资者提供了动态风险判断体系，满足其监控市场、防范极端风险事件的需求。以交易报告库为基础搭建风险监测监控体系，既是我国金融市场推动基础设施建设的需要，也是《期货与衍生品法》的基本要求。

从国际实践来看，国际清算银行（BIS）在其半年度《场外衍生品风险报告》中发布了 20 余年、30 多个国家和地区场外衍生品的 GMV。在发达市场中央对手方机制和对手违约风险控制机制的构建过程中，GMV 也扮演了重要角色。

本文综合运用定性研究与定量研究相结合的方法。对标研究时，主要采用比较分析法；搭建以 GMV 为核心的风险监控监测体系的估值标准体系、GMV 计算的配套系统和应用场景时，主要采用基于数据模拟的情境分析法和基于应用场景的访谈研究法。

本文构建了以 GMV 为核心的风险监控监测体系的估值标准体系、配套系统构建和应用场景搭建三方面，以提供以交易报告库为基础构建风险监测监控体系的方法论和技术路线图。

第一，场外衍生品的估值标准体系是 GMV 计算的技术基础。针对场外衍生品流动性差、合约种类繁多、产品结构复杂的特征，场外衍生品应搭建以标的类型和合约要素为单位的模块化矩阵估值体系，提炼出场外衍生品设计的工程要素，对每一要素选择市场应用广泛、计算效率高的模型进行估值，满足跨机构、跨品种核算 GMV 的标准化和实时化的要求。估值模型所需的参数，对于有可靠市场交易价格的数据，应遵循准确性、完整性、时效性、一致性和适当性的原则获取市场数据；对于不存在市场交易价格的参数，应当构建清晰、统一的参数计算标准，为估值提供可靠的锚定基础。

第二，场外衍生品 GMV 计算的配套系统包括数据支持系统、信息支持系统和服务系统。三大系统覆盖了 GMV 核算数据的"输入—加工—应用"数据生命周期。从数据输入来看，数据支持系统的关键在数据治理，以保证 GMV 核算输入信息的有效性：一是应加强数据资源的标准化管理；二是应形成规范的数据统筹、管理、分配机制；三是应加强质量控制，防范数据风险。从数据加工来看，信息系统的关键在于提升数据处理效能，能满足种类繁多的场外衍生品参数实时校验、估值动态更新和结果易于回溯的基本要求，应具备衍生品定价、估值参数校验、稳健高效的计算基础架构和全节点自动化复核支持四大功能，需要将衍生品估值技术与区块链、机器学习等金融科技有机融合。从数据应用来看，服务体系的构建关键在于多元化服务体系的构建，立足于交易报告库定位，针对监管机构、发行机构、投资机构和审计机构提供会计核算、产品创设、业绩评价、风险管理、监控监测、场外衍生品保证金管理、抵押品管理等多应用场景，数据使用者也是场外衍生品数据的提供者，形成"生成—使用—再生成"的数据循环。

第三，场外衍生品 GMV 可应用于市场风险评估和对手违约风险评估两大应用场景。针对复杂衍生品的计算，GMV 能满足复杂场外衍生品的盯市价值计算需求，并且能基于不同场景开展情景分析、压力测试，计算极端风险指标 VaR（风险价值）和 CVaR（条件风险价值）。GMV 也是计算对手违约风险敞口的基础构件。从应用场景来看，以 GMV 为核心的风险监测监控体系能有效满足场外衍生品市场风险归因、日常风险管理和极端风险预警的需求，实现动态风险监测的"看得清，管得住"。

本文的创新体现在三方面：第一，本文的研究是国内第一个从衍生品估值出发，针对复杂场外衍生品市场整体风险监控监测体系设计架构的研究，对国内以名义本金为导向的市场整体风险监控监测体系是一项突破性创新，切合场外衍生品市场的发展需求。第二，本文的研究是定性研究与定量分析相结合，既有从金融工程底层理论出发的模型体系探讨，又有从制度设计层面展开的 GMV 核算配套体系建设分析，还以当前复杂场外衍生品的具体产品合约为例搭建应用场景，展示了以 GMV 为核心的风险监测监控体系的应用逻辑，是方法论与操作指南的有机结合。第三，本文的研究立足于中国衍生品市场交易报告库建设的最新需求和长期实践，回应了市场创新对中国金融市场基础设施发展的要求，也回应了《期货与衍生品法》在场外衍生品市场落地的重大关切。

  本文提供了基于场外衍生品市场整体计算和运用 GMV 体系的方法论，解决了场外衍生品市场动态风险监测监控的关键问题，为我国多层次资本市场体系构建和完善衍生品市场风险管理机制提供了一定借鉴。

我国场外衍生品业务风险传导与防范管理研究

中证机构间报价系统股份有限公司　中信证券股份有限公司
华泰证券股份有限公司*

场外衍生品在全球金融体系中的重要性日益显著,被广泛运用于风险管理、投融资交易、资产配置、财富管理等多元领域,并普遍成为其他金融资产、金融产品的基础工具。其天然的跨界属性将各市场主体、各产品、各市场相对独立的风险进行联动与传导,呈现出链条较长、路径复杂、相互交叉等特征。对场外衍生品市场的风险传导及防范管理研究,有助于厘清场外衍生品业务的业务逻辑,梳理场外衍生品整体风险及风险传导路径的整体脉络,为监管机构采取适当的监管措施提供理论与实践基础,具有重要的现实意义。

本文主要解答了三个层次的问题:其一,场外衍生品市场中的跨市场跨产品风险具有哪些来源?这一问题的解答能够实现对风险的定位,有利于深入了解风险的本质与表现形式。其二,场外衍生品业务的各类风险为什么会相互联动、相互传导?具有哪些联动机制、具有哪些传导路径?这是本文试图回答的核心问题。对风险联动传导原因的准确捕捉,有利于深入了解风险传播的深层次机理,有助于在风险防范时采取根本性的措施,直达风险传播的痛点;对风险联动传导路径的尽可能挖掘,有利于掌握风

---

* 课题负责人:赵恒珩,中证报价执行委员会委员;薛继锐,中信证券执行委员会委员。课题组成员:刘洋、熊莉、赵智松、丁灵、邓力、吕阳、牛文慧、胡锡莎、吴昭翼、徐培智、陶潜。

险传导的整体脉络，准确识别风险传导的关键路径、核心节点，有助于在风险防范时采取行之有效的措施，实现对于风险传导的事前防范、风险传导的事中阻断。其三，基于场外衍生品业务跨市场跨产品风险传导机制特点，应当采取什么样的风险防范管理措施？这是本文写作的最终目的，为监管机构提出具有现实意义的思考与建议。

本文首先对场外衍生品业务风险联动机制进行了理论梳理。先从全局视角梳理场外衍生品业务的运行机制与市场组织形式。基于场外衍生品双边交易的交易组织特点，重点分析交易商、客户的典型交易行为特征。交易商交易行为具有业务模式趋同、承担过多市场尾部风险、市场顺周期性等特点，客户交易行为具有寻求回报最优化可能导致交易商不当价格竞争、偏好与多家交易商进行分散交易、需求趋同导致羊群效应等特征。这些交易行为特征强化了客户与交易商之间、交易商彼此之间的关联度，并影响风险传导联动的可能性大小以及风险传导联动的影响程度。接着，基于场外衍生品市场组织形式的整体脉络，对场外衍生品风险及传导机制进行详尽分析。采取点线结合的方式，先识别场外衍生品市场中各类风险类型及特征，形成"点"的描绘；再基于金融系统中四类风险传导联动机制——市场价格联动机制、信用联动机制、流动性联动机制、信息联动机制，研究场外衍生品业务各类风险具有哪些联动机制与传导路径，形成"线"的勾勒。

本文坚持理论与实践相结合的原则，基于理论研究的内在逻辑，进而对比分析了境内外场外衍生品业务的实践经验：一是对境内外市场场外衍生品业务风险联动机制进行了翔实的实证分析；二是梳理了境内外监管机构针对场外衍生品业务跨市场跨产品的风险防范经验，总结了境外风险防范共性措施，包括强制交易报告、强制集中清算、保证金要求、投资者保护、大额持仓和头寸限制、强制信息披露等措施。同时，选择极具代表性的风险传导案例，包括美国家族理财基金阿奇戈斯案例、韩国 ELS 产品风险对冲案例等，逐一进行事件梳理、风险点及风险传导路径与影响的具体分析，试图从这些案例中一窥风险传导的现实路径，吸收风险事件的教训与监管经验。

虽然国外市场的发展和监管经验对我国有很强的启示作用，但场外衍生品业务是一个高度复杂和场景化特征很强的业务。应该坚持从中国国情出发，结合国际最佳实践，提出既符合国际趋势又具有中国特色的场外衍生品风险防范思路。为此，本文分析了境内外在发展阶段、市场交易机制、基础设施建设以及监管政策方面的异同。从发展阶段来看，境内市场处于初级发展阶段，与境外发展百余年的成熟市场相比，在交易商结构、投资者结构、产品类型、履约保障类型等方面存在差距；从交易机制来看，国内特有的涨跌停板、T+1等基础交易制度，对场外衍生品对冲行为产生了一定影响；从基础设施建设来看，国内交易报告库在数据全面性、颗粒度、时效性等方面均处于国际领先水平，但在清算、第三方估值等方面存在差距；从监管政策来看，境外为混业监管、功能监管，强调原则性监管，境内监管是分业监管，侧重于微观行为监管。

基于境内外场外衍生品市场与监管的现实差异，本文提出了我国场外衍生品业务风险防范管理的总体思路：一是认清我国仍处于场外衍生品初级发展阶段，应当坚持高质量发展场外衍生品的总体方向，同时严守不发生系统性风险的基本底线；二是深刻理解场外衍生品的跨界属性与场外衍生品风险传导的复杂性，以整体与全局的视角考虑、应对，加强金融监管机构之间的协同与配合；三是坚持从中国国情出发，结合国际最佳实践，发挥我国的制度优势，提出既符合国际趋势又具有中国特色的场外衍生品风险防范思路；四是坚持"人民至上"，加强对资管产品的投资者保护，切实满足居民的财富管理需求。

最后，本文提出具体监管建议：一是完善交易商管理机制，加强交易商场外衍生品综合能力建设；二是完善市场组织形式和市场机制，构建多元、健康的场外衍生品市场体系；三是加强监管协调，完善跨产品跨市场风险监测机制；四是完善交易报告制度，提升风险监测监控水平，提高市场透明度；五是完善行业基础设施和配套制度，丰富风险防控管理手段；六是规范资管产品参与场外衍生品业务，切实保护投资者利益。

数字化转型成熟度模型及考核机制研究

长城证券股份有限公司[*]

中国人民银行《金融科技发展规划（2022—2025）》提出，须加强金融科技治理能力成熟度评估，以过程管控为牵引形成科技治理闭环。因此构建一套适合证券行业数字化转型的成熟度模型，并以此展开证券公司内部各部门的数字化转型考核，对于推动证券行业数字化、积极打造"第二发展曲线"有着重要的意义。

目前，通用数字化转型能力成熟度评估研究工作已取得了一定成果。2019年，《企业数字化转型过程中可持续竞争能力建设方法论》《产业数字化转型评估框架》两项数字化转型成熟度相关标准在国际电信联盟（ITU）正式发布实施，成为国际标准。2018年3月，全国信标委大数据标准工作组发布国家标准《以数据管理能力为对象的成熟度评估模型标准》。2022年3月，国家标准编制组发布了国家标准《信息技术服务 数字化转型 第2部分：成熟度模型》。

但是截至目前，契合证券行业、符合证券公司发展实际需要的数字化转型能力成熟度评估模型尚未见到正式标准发布，对证券公司及证券公司各部门的数字化转型考核机制的研究，也尚未规范化、标准化，缺乏可靠的评估和考核指引。

为此，本课题组充分开展调查研究，通过文献分析、调研访谈等形式

---

[*] 课题负责人：徐楠，长城证券首席信息官。课题组成员：唐月生、龚友、李才齐、曾庆湖、廖运球。

积极开展课题研究工作。最终从数字战略与目标愿景、组织架构与企业文化、业务应用与流程重塑、技术创新与架构设计、数据治理与生态开放、安全支撑与资源保障六大领域构建了数字化转型能力成熟度模型。

数字战略与目标愿景领域是指证券公司基于对内外部环境和自身资源禀赋的综合分析，制定数字化转型战略和长期目标愿景，并对后续执行落地持续加以推动、实施、监督与控制，依靠长期持续的战略定力和执行力，最终促使数字化转型目标顺利达成的动态过程。数字战略与目标愿景领域包括数字化思维意识、数字化战略规划能力、数字化战略执行能力和战略定力四个要素。

组织架构与企业文化领域是指为了执行数字化转型战略，配套与之相适应的企业组织架构和企业文化，构建现代化敏捷组织、培养适应数字化时代的领导层、构建具备数字化转型需要的人才团队，以及培育适合数字化转型发展的数字文化。组织架构与企业文化领域包括敏捷组织、数字人才、数字领导力、数字文化建设、考核激励五个要素。

业务应用与流程重塑领域是指在数字化转型过程中，利用金融科技对传统业务进行全面系统性改造，针对传统业务流程的全生命周期进行重塑，从用户角度出发构建端到端用户旅程地图，从而真正实现以用户为中心。在此过程中，积极发挥技术引领的作用，充分利用技术力量和数据要素作用，挖掘全新的业务创新应用和商业模式。业务应用与流程重塑领域包括传统业务创新、用户旅程重塑、数字化渠道建设、数字化运营四个要素。

技术创新与架构设计领域是指证券公司通过一定的IT资金投入和人才投入，充分利用人工智能、大数据、云计算、区块链、物联网等新兴技术，在实现技术驱动的业务创新的同时，持续为公司技术整体架构不断优化夯实技术基础，实现公司整体技术架构的持续平台化、智能化。技术创新与架构设计领域包括创新技术赋能业务、平台化构建、云原生架构转型和研发运维一体化四个要素。

数据治理与生态开放领域是指证券公司通过技术手段治理数据孤岛，实现数据统一管理、高效运行，并在经营管理中充分发挥数据要素价值。

在此基础上，充分利用数据隐私计算等技术，整合自身能力与外部合作伙伴，实现金融数据和服务与非金融场景的深度融合。数据治理与生态开放领域包括数据治理、数据应用与运营、生态合作创新三个要素。

安全支撑与资源保障领域是指证券公司为了安全合规有序开展数字化转型各项工作而采取的安全管控措施以及资源投入保障。安全支撑与资源保障领域主要包括网络安全保障、数据安全保障、风控合规、基础设施保障、科技投入五个要素。

接下来重点分析了数字化转型能力成熟度五个阶段（起步阶段、探索阶段、过渡阶段、发展阶段、领先阶段）的整体特征，并根据每个领域每个要素不同阶段提出了分级要求。通过不同分级要求的约束标准，证券公司和监管机构可以对号入座，逐个领域逐个要素进行诊断和评估，最终得出合理的评估结果。

针对如何提升数字化转型能力成熟度，本文提出了若干建议，包括但不限于提升全员数字化思维意识、提升数字化转型战略为一把手工程、打造基于目标与关键成果法（OKR）的战略目标管理体系、推进敏捷组织转型、形成数字券商文化、构建企业级可复用的数字化平台、形成统一的技术架构和研发运维体系、加强数据治理顶层设计、探索生态走向开放等。

在数字化转型能力成熟度模型基础上，本文还从证券公司实际需要出发，构建了一套数字化转型考核指标体系。围绕数字化转型，从数字化战略考核、数字化组织文化考核、数字化应用考核、数字化技术创新考核、数据治理考核、数字化信息安全考核六个维度，根据业务部门、管理支持部门、技术部门不同特征和定位，制定了若干加减分指标，供证券公司制订数字化转型考核方案时参考。

最后，从数字化转型能力成熟度模型实际推进需要出发，提出了三点政策建议：一是建议监管部门尽快推动证券业数字化转型能力成熟度模型标准化工作，制定契合行业发展需要的数字化转型能力成熟度模型行业标准或国家标准。二是加强证券业数字化转型能力成熟度模型推广应用，可考虑设立相关专项基金和奖励制度，加快推进行业数字化转型能力成熟度模型的应用，为行业数字化转型提供政策和资源保障；开展相关示范单位数字化转型试点，打造一批小型化、快速化、轻量化、精准化的数字化系统解决方案和产品，形成一批可复制可推广的数字化转型典型模式。三是加强数字化转型通用基础设施建设，帮助证券公司更好地利用行业资源，借助第三方力量完成数字化转型工作。

券商经纪业务数字化运营质量管理体系及实践研究摘要

长江证券股份有限公司[*]

国内券商经纪业务运营管理经过三十余年的演进发展,经历了从分散运营到集中运营,从业务流程串行操作到前、后台分离并行处理的阶段,目前正加快向数字化、智能化运营方向探索和转型。由于运营管理工作是经纪业务顺利开展的核心底座,且业务运营管理质量直接影响券商全流程金融服务的整体质量,如何推进业务运营服务质量的持续提升已成为各券商的核心关注点。本文以全面质量管理理论为基础,基于长江证券自身实践,设计出适用于证券公司的数字化运营质量管理体系框架。

数字化运营质量管理体系是面向券商经纪业务全品类、全链条、全生命周期管理的系统性、长效化的运营管理框架,相较于传统模式,依托"数据+模型+算法"的数字化、智能化技术底座,从更多维、更高阶、更长期的管理视角,通过制度体系更新、运营模式变革、业务流程重构以及金融科技应用等综合施策,致力于推进券商经纪业务运营管理的持续高质量发展。从长江证券相关运营实践效果来看,该体系在提升客户体验、提升运营效能、降低运行风险、降低运营成本等方面有显著效果。

数字化运营质量管理体系分为三层架构,包括基础数据层、功能组件层和业务应用层。其中,基础数据层通过建设运营数据集市采集各业务系

---

[*] 课题负责人:周纯,长江证券副总裁。课题组成员:李启维、潘进、陈晋、傅博、程鹏、方军军、陈颖、蔡夏丰、赵文龙、林高、董娅利、段卉君、杨涛、谢旭徽、夏唯。

统中的明细数据，将其沉淀为数据资产后统一管理；功能组件层将不同种类的业务流程按照统一的业务模型进行切分，建设组合形成了事前预警、事中监控、事后评价的核心功能模块；业务应用层可强化运营数据应用，并将各类质量指标数据、各类分析结果进行可视化展示，助力运营管理人员通过人机结合方式实施质量管理。

数字化运营质量管理体系包括三大平台，呈现"一体两翼"结构。其中，"一体"是指运营质量管理平台，"两翼"是指运营数据管理平台和知识管理平台。三大平台功能方面，首先是运营质量管理平台。该平台围绕PDCA（Plan——计划，Do——实施，Check——检查，Act——处理）循环打造了六大功能模块，实现了业务生命周期的闭环管理。具体包括：一是运营态势预测模块，根据经验数据进行模拟推演，通过概率预测呈现业务变化趋势与资源的匹配情况；二是业务流程盯控模块，针对核心业务实现从操作提醒到业务结果反馈的监测管理；三是业务质检模块，针对已完成的业务流程进行机器质检与人工抽检，进一步规避差错风险；四是业务评价模块，聚焦于业务本身，针对业务过程和结果进行评价计算与描述；五是人员评价模块，可供管理人员按照业务类别，通过"建群"模式对运营员工作业过程与结果考察的客观量化综合评价；六是业务归因分析模块，支持对业务数据进行回溯，结合一定机器算法对运营优劣情况展开归因分析。其次是运营数据管理平台。该平台集合了运营数据集市、数据分析BI（Business Intelligence）工具以及AI（人工智能）算法模型工具。其中运营数据集市用于运营作业类数据、客户业务类数据、管理提升类数据和市场资讯类数据的采集与存储，并形成不同类型的指标；数据分析BI分析工具用于数据统计分析与视图化呈现；AI算法模型工具则用于数据挖掘，为业务归因与预测提供有力支持。最后是知识管理平台。该平台是面向公司员工的智能知识服务平台，提供两类服务：一类是针对总部运营人员，通过制度文档解读分析与知识规整，明确业务规则与操作规范，引导运营人员高效合规地开展运营工作；另一类是针对分支人员在日常展业中遇到的业务疑难问题，利用FAQ（常见问题解答）自动应答等方式快速解决其具体问题，保障业务开展的连续性，提升对客服务质量。

数字化运营质量管理的体系构建是一项系统性的复杂工作，涵盖了业务系统平台建设、绩效管理方案更迭、运营人员管理方式优化等方面。围绕业务运营质量管理体系的持续建设，经纪业务运营管理模式也在数字化浪潮中不断创新。相对于传统运营管理模式，本文所描述的数字化运营质量管理体系具有以下特征：一是运营质量管理体系强化了过程管理，即在过程中预防比在结果中纠错更有效；二是运营质量管理除了关注风险，还同等关注了客户体验、运营效率和成本资源等问题，这都是现代化金融服务业所必须考虑的；三是随着运营工作日趋多样且复杂，运营管理的难度也显著提升，通过构建运营质量管理应用技术平台体系，为辅助运营管理人员全方位日常工作提供了实效性较强的数字化解决方案；四是促进了运营管理人员决策习惯的改变，结合客观数据分析做出的管理决策比单纯依赖主观经验更加科学、快速、精确；五是本体系形成的自适应优化闭环机制，可使业务问题的检查、发现、报告和控制不再全凭管理人员的主观能动性决定，为券商向自动化管理业态转变做出了有益的探索。

　　值得说明的是，业务运营质量管理体系是通过构建统一的业务管理模型、配套相应的技术平台以实现业务全生命周期的运营管理。鉴于其并不局限于特定业务类型，因此不仅适用于零售经纪、机构经纪范围内的各细分业务线条，而且扩展至资产管理、股权项目投后管理、债券存续期管理等涉及流程化运营工作的业务领域，也具备一定的借鉴参考价值。

分布式数据库在行业信创核心系统的研究与应用

国泰君安证券股份有限公司*

当前证券行业核心系统主要基于 X86 服务器、小型机和 SQLServer、DB2 或 Oracle 数据库所构建。随着业务多元化的发展,传统架构耦合性高、灵活性低、扩展复杂的不足愈加明显,同时在信息安全和信创要求的背景下,也需要寻找可替代的国产化产品。为了解决上述问题,券商行业核心系统纷纷向行业高度关注和普遍认同的分布式架构、低时延消息等下一代技术发展趋势转型。

研究方案采用分布式数据库,完成国泰君安新一代信创分布式核心交易系统传统数据库的替代,发挥分布式数据库高性能、高可靠、可横向扩展、可自主掌控的优势,匹配低延时交易平台的数据入库、转换、查询、下场等一系列业务场景的性能要求,完成业务端到端的全栈分布式改造。同时研究数据库即服务的能力(DBaaS),将分布式数据库资源包装为标准服务形式,为其他系统提供灵活、可靠的数据库服务。

本文首先对国内外的分布式数据库开展技术架构研究、功能研究、性能研究、分布式事务研究、高可用研究、监控运维研究、扩展性研究、信创软硬件适配研究等,并分析各产品不同应用场景下的优劣势,最终选型国产的 GoldenDB 分布式数据库和 OceanBase 分布式数据库进行应用和

---

* 课题负责人:王姝旸,国泰君安证券信息技术部副总经理。课题组成员:刘传友、尚留金、张忍、张伦鸿、毛大成、田永航、吕楠。

实践。

在低延时交易平台中，盘前阶段应用组件利用底层数据库将清算数据、账户数据、权限数据等经过清洗、转换之后，生成交易平台所需的文件，整个数据上场耗时要求不超过 30 分钟，期间数据入库要求持续写入吞吐量超过 500 万行/秒，数据读取要求读吞吐量超过 500 万行/秒。盘中阶段应用组件持续不断将内存中的委托、查询、成交、回报、行情、持仓等交易数据准实时地持久化到数据库，期望高吞吐量下的写库时延在毫秒级。盘后阶段应用组件需要在 5 分钟内将当天的委托、成交、持仓、资产等数据从数据库中读出并生成近 600 个本地文件。统一查询业务要求多表的关联查询、大批量数据的扫描、计算等，能够在秒级的时间内返回。在部署架构上，低延时交易平台各应用组件及 GoldenDB 分布数据库均部署为多实例的模式，且分布在两地三中心机房，在组件发生故障时可自动完成切换，具备机房级的高可用能力。为了确保系统安全平稳切换，项目初期以 Mysql 和 GoldenDB 双轨运行，在连续数月观测与比对数据无误后，正式启动数据库切换工作，将分布式数据库切换为主库运行，以客户和营业部维度分批次切换到低延时交易平台，最终完成全量客户的切换。

在全业务集中清算平台、用户中心、账户系统中，随着互联网金融业务的发展，业务呈现多元化、灵活化的特点，基于传统数据库的分库分表模式面对跨库的数据汇总、查询、分析等场景受限较多，制约了部分业务功能的实现。通过利用分布式数据库高性能、大容量、可扩展、多租户的特性，建设统一监控运维、资源池化、具备数据库即服务能力（DBaas）的数据库平台，来满足未来灵活的资源分配管理与业务发展需求。

基于以上研究和实践，我们取得了丰硕成果：建设 GoldenDB 数据库集群助力新一代信创分布式核心交易系统上线，建设全栈信创 GoldenDB 集群助力核心交易系统全栈信创域上线，建设全栈信创 OceanBase 集群助力 20 套业务系统完成迁移改造和上线。在经济效益上降低了对国外产品和厂商的依赖度，降低了传统软件的授权成本。分布式架构的透明性使得开发人员可以关注业务逻辑处理本身，简化开发过程，提升开发效率，降低研发成本。分布式数据库统一的监控、运维管理系统，降低了运维人力成本。在社会效益上打破了传统金融机构核心系统中传统数据库占垄断地位的现状，解决了"卡脖子"问题，成为行业首家切换全量千万级客户到低延时交易平台的公司，为证券行业核心交易场景下的分布式技术应用打造了样板和示范工程，进一步提高了行业核心技术系统的抗风险能力，具备一定的技术参考性和复制性。同时与多厂商协调合作，在核心系统上真替真用，推动信创产业不断发展。

从研究历程及应用成果我们总结如下：在信创软硬件平台上，其基础的功能和稳定性可以满足金融行业核心系统的需求，可以在实践中进行一定的推广应用，但在追求极致性能的场景下，与主流的软硬件相比有所降低，需要进一步发展完善。另外在实际使用中，国产化平台由于起步较晚，缺乏相关第三方应用支撑，导致应用兼容度和广度不够全面，会遇到一些问题需要特殊处理。

在国产分布式数据库上，目前其定性和可靠性已经得到验证，符合金融级数据库的要求，并且在银行、保险、券商等行业也有了不少的成功案例。分布式数据库借助分布式架构可以提高系统的吞吐能力和整体性能，具备横向扩展能力，可以降低一定的开发和运维成本。但在实践中也发现，分布式数据库与传统数据库有着较大的差异，分布式数据库有擅长的业务场景，也有无法覆盖的场景，引入分布式后所带来的时延问题，以及数据跨节点之后引入的分组、关联、排序等问题，都需要业务与数据库协同，从应用架构的层面进行优化设计，共同提高系统的性能。另外国产分布式数据库产品相比国外成熟产品，在综合产品能力上还处于发展阶段，成熟度还有欠缺，软件故障、部分高级特性缺失、监控运维工具不完善、产品生态系统不活跃、产品文档不完善等，也是当前国产分布式数据库面临的普遍问题。此外分布式数据库运行的长期稳定性也需要重视，特别是对于业务连续性要求极高的系统。

综上所述，建议部分场景下的核心业务系统可以通过改造和测试完成与分布式数据库的适配。但是不存在一个产品适配所有业务的情形，面对不同的业务需求与场景，要将应用系统架构与数据库结合考虑，分析分布式数据库所带来的优势与劣势,推进系统设计优化。

　　国产分布式数据库产品不断更新和优化,高可用能力提升、混合负载能力提升及生态建设,未来可以为金融行业带来越来越多的可应用价值,创造更大的应用空间。

基于区块链的 E&FICC 场外业务全流程数字化解决方案研究

国泰君安证券股份有限公司　中证机构间报价系统股份有限公司
北京共识数信科技有限公司*

E&FICC 场外业务涵盖权益、固定收益、外汇、大宗商品及衍生品全品类资产。受需求等因素驱动，海外 E&FICC 业务起步较早，已成投行重要的收入来源。其中，场外业务是 E&FICC 各类资产交易的主要方式，全球场外市场仅以衍生品业务计，名义本金达到 550 万亿美元（国际清算银行数据）。国内场外业务经过多年发展，已取得了较大的进步，以银行间市场为例，年度总成交量已突破 1000 万亿元人民币，利率互换等衍生品年度规模突破 20 万亿元。市场参与者涵盖了银行、保险、券商、非法人产品等各类客户。

随着我国市场经济的发展完善和法治进程的加快，我国场外衍生品市场的法规制度也在不断完善。2014 年，中国证券业协会、中国期货业协会、中国证券投资基金业协会联合发布《中国证券期货市场场外衍生品交易主协议》及补充协议，这些主协议以及自律规则的出台为各类金融机构探索开展场外衍生品业务提供了初步框架，也明确了交易双方的权利和义务。2020 年 9 月 25 日，中国证券业协会发布的《证券公司场外期权业务

---

* 课题负责人：俞枫，国泰君安证券首席信息官。课题组成员：王亚军、王毛路、钱维佳、吴鑫涛、吕哲、陈海枫、朱怡瑾、王强强、田毅、周骞、徐荣、杨晨旭、蔡曦、王意、时煜坤、晋康飞、闫发腾。

管理办法》规定，中证报价在协会指导下承担场外证券业务报告系统的建设及维护，为场外期权业务提供交易备案、数据报送、监测监控等服务。2021年12月3日，多个监管部门共同就《关于促进衍生品业务规范发展的指导意见（征求意见稿）》向社会公开征求意见。该文件在对现有监管规则进行集中整合的同时，进一步补齐监管短板、强化要求，针对衍生品业务统一标准。

在一系列监管政策和行业自律准则的加持下，我国场外衍生品市场进入平稳有序的发展阶段。然而无论是从自身的发展轨道，还是从国内外场外交易（OTC）市场的对比而言，我国与成熟市场国家仍存在差距。场外业务具有分散化、分布式运营等特点，交易过程中存在着一些合规监管的盲区，存在脱离衍生品基本功能的交易、规避监管的通道类交易，也有借助场外交易损害普通投资者利益的情况。在不断完善场外金融衍生品市场的进程中，衍生了多头监管的需要。这时，业务数据的细碎、不成熟也加重了登记信息的碎片化。如何取舍场外衍生品的标准规范与创新、实现穿透式监管是摆在监管及立法者面前的难题。

当需要对冲某种新型风险的需求空前高涨时，新的产品和市场就会自发产生，作为交易主体，除与对手方进行买、卖报价业务外，与中央对手方清算、交易报告库，其他监管部门也会进行包括并不限于交易、成交、备案等频繁的交互活动。对比国外监管进程，我国场外衍生品监管框架还有待完善。目前只有大部分利率衍生品与一部分汇率衍生品实行中央对手清算制度，其余仍在进行双边清算，交易透明度较低。

本文结合区块链不可篡改、全程留痕、公开透明、可溯源、智能合约等特性，依托证联链场外联盟链、中证易签等行业基础设施，探索实现基于区块链的E&FICC场外业务全流程数字化解决方案。

针对场外业务登记碎片化、穿透式监管难问题，通过全面梳理场外业务流程，设计证据固化方案，进行全流程存证报送，将原本分散化、滞后、不透明的业务信息流，转化成可追溯、可审计、可监管的线上数据流，为监管提供真实保鲜、环环相扣的业务数据，赋能穿透式监管。同时对场外业务全流程进行梳理，包括场外证券业务备案、适当性管理、交易对手征信评级、产品备案、协议签署、交易询价报价、交易确认、交易数据备案等。例如交易数据备案环节，报送信息应包括SAC、NAFMII、ISDA主协议项下的场外业务信息。包含协议类（4张）、交易类（6张）、定期（9张）以及其他（2张）四大类型的备案数据报送。最后，结合区块链存证模板和监管报送模型等要求，按照标准规范组织存证数据，同时对每个流程设计证据固化方案。例如在适当性管理环节，设计投资者适当性管理模型，明确包含投资者类别、风险承受能力等级、投资品种、投资期限、可承受最大亏损等关键基础信息，在关联业务节点进行取证留痕和存证固化，形成可信、完整的证据链，从而解决出现证券行业纠纷时信息不足、证据效力不高等问题。

针对场外业务业务主体多、业务流程复杂问题，利用中证易签实现一体化电子签约和监管报送，实现场外业务各类合同合约的线上化签署，提升场外业务电子合同签署效率，降低合同流程、签署、管理及存储成本，防范"阴阳合同"等业务风险。本文的研究打通了券商衍生品业务系统和中证易签平台，并通过标准化的协议传输、电子签约服务、数据报送接口实现电子签约、数据报送等标准化服务。同时，中证易签平台可将已签约协议文本和交易数据直联报送交易报告库，并对接北京互联网法院天平链等司法存证机构，为客户提供证据服务。中证易签平台利用区块链对衍生品电子签约和数据报送进行全流程留痕，并通过与中证链、证联链等监管链进行跨链对接，实现场外业务数据对监管部门的信息共享，从而支持监管部门对证券公司场外业务进行事中监管、穿透式监管。

针对场外业务非标、自动化程度低问题，探索建立基于智能合约的链上自动化合约执行平台。将场外期权非标产品的部分属性转为标准化，把原来各方难以达成共识的、很难全程跟踪的部分，变为信息透明、可跟踪。智能合约部署和执行只需交易双方签署认可，无须中间人处理，经区块链网络的共识验证与存储后，难以篡改，即使一方反悔，智能合约也将严格按照代码执行，不可阻止，由此大大降低了履约风险。此外，基于计算机代码的自动触发执行以及区块链的分布式记账技术，消除了交易双方不断信息交互的必要性，可大幅简化业务流程，降低运营成本。比如，国际掉期与衍生工具协会（ISDA）主协议为场外衍生品交易设立了相对固定、标准化的合同条款以及较为明确、统一的违约处理机制，方便市场参与者快捷地达成交易，降低谈判成本。将智能合约以数字化的形式写入区块链中，由区块链技术的特性保障存储、读取、执行整个过程透明可跟踪、不可篡改。同时，由区块链与 DAML 智能合约自带的共识算法构建出一套状态机系统，使得智能合约能够高效运行。

本文基于区块链的 E&FICC 场外业务全流程解决方案向基于区块链的场外业务数字化基础设施迈出了一小步，并借助通用域模型（CDM）和数字建模语言（DAML）进行了工程化实践，是一次具有重要意义的尝试，为未来构建基于区块链的场外业务新型基础设施奠定了基础。

基于大数据的信用债智能定价与交易应用场景研究

华泰证券股份有限公司[*]

本文的研究旨在充分发挥大数据平台与人工智能算法的潜力，将科技手段引入信用债研究与投资管理领域，以大数据和机器学习算法为驱动，构建一套全面智能化的定价体系，推动传统信用债业务的数字化转型，变革信用债投资交易模式。

本文构建的智能信用定价体系将为金融机构提供端到端的全方位服务，涵盖了主体信用分级、实时风险预警、个券估值定价与投资机会挖掘等各个关键目标。主体信用分级方面，基于人工智能技术和海量数据，自动化生成客观、精准的信用分级结果，帮助金融机构对债券发行主体进行科学、合理的风险评估。实时风险预警方面，利用机器学习算法对各类信用风险进行实时监控和预测，及时发现潜在风险，为金融机构提供有力的风险防控支持。个券估值定价方面，基于去噪后市场交易数据，构建量化定价模型，为金融机构提供动态、精确的债券估值和定价信息，辅助投资决策。投资机会挖掘方面，运用数据挖掘和机器学习技术，自动发现信用债市场中的投资机会，为金融机构前台业务直接赋能。

为了构建上述信用智能定价体系，本文深入探讨并解决了以下核心技

---

[*] 课题负责人：王磊，华泰证券固定收益部总经理、CAMS 研发中心主任。课题组成员：甘华、吴恩泉、郑秀荣、石通、韩雪、朱峰、包宇翔、李仕达、邓睿、沈偲阳、吴语陶、丁舒、丁汀、高航、缪有栋、徐轩绚、戎兆杰、易思含。

术难点：

一是构建了多源数据整合平台：收集和整合包括财务报表、市场交易数据、宏观经济数据、新闻报道、社交媒体舆情等多种来源的数据，形成一个全面、多维度的信用研究数据库；同时，研究和开发了高效的数据清洗和预处理方法，以确保数据的质量和可靠性。

二是发展了先进的信用评级技术：结合机器学习和自然语言处理等人工智能技术，研究和开发了具有高度自动化、实时更新的信用模型；此外，还探索利用深度学习网络等技术挖掘企业的关联关系，提高信用评估的准确性。

三是设计了灵活的信用债量化定价系统：通过对信用风险指标的深入研究，构建了一个具有多层次、多角度的信用风险定价框架。基于上述定价模型，覆盖了市场近9000只交易所公司债，平均偏离为3BP。该框架允许投资者根据自身需求灵活调整分析维度和权重，以便更好地把握信用风险和信用定价。

四是研发了信用债交易策略：基于智能定价体系和信用风险分析结果，研究和开发了适用于信用债市场的实盘交易策略；同时，对做市报价策略，可为150只个券提供连续的双边报价，覆盖了较为热门的城投债与产业债。这些方法帮助投资者在不同市场环境下实现信用债投资组合的有效配置和风险控制。

基于上述结果，我们构建了智能信用量化系统，集成信用研究数据库、信用评估模型、信用风险定价模型以及构建信用投资策略的方法。该系统为投资者提供实时、全面的信用债市场信息和建议，提高投资者在信用债市场中的决策效率和准确性。不同于传统的研究框架，我们研究的创新点包括以下几个方面：

第一，针对日益增长的海量市场信息，利用大数据、人工智能等新一代信息技术，提炼出有效的市场信息，挖掘带有普遍性、规律性的高风险行为特征，高效、动态且准确地对企业信用风险进行等级划分和风险防控。

第二，利用统计及机器学习模型，自动化对市场历史信息进行回溯和总结研究，对市场宏观信息、微观结构趋势进行量化，并有效融合在定价逻辑中，使定价直观地反映市场每个主体面临的风险和合理估价。

第三，打通从海量数据到投资交易的有效链路，由基本面、舆情以及其他海量信息生成有效的智能评级，由智能评级且融合市场信息构建有效的定价逻辑，并最后由定价逻辑赋能交易。

总之，本文通过深入研究，成功构建了一套创新且高度智能化的信用债智能定价体系，为传统信用债业务的数字化转型提供了坚实的支持。与此同时，通过引入实时、智能、自动化的交易服务，为投资者在信用债市场中提供了更加精确、高效的风险管理和投资决策工具。这一新研究成果将有助于提升金融市场的运行效率，降低投资者在市场中所面临的风险，从而促进信用债市场健康、稳定和可持续发展。

基于大数据以及人工智能的持续督导合规科技平台建设研究

申万宏源证券承销保荐有限责任公司
深圳价值在线信息科技股份有限公司*

党中央、国务院始终重视科技创新与技术建设，坚持技术创新在我国现代化建设全局中的核心地位，积极推动、实施创新驱动发展战略。2022年党的二十大报告明确提出把发展经济的着力点放在实体经济上，加快构建新发展格局，努力推动高质量发展。中小企业是我国最具活力的创新主体，是深化创新、扩大就业、改善民生的重要力量，更是地方经济社会发展的主力军。中小企业稳健发展，普惠金融大力践行，关乎我国经济发展质量和金融市场服务实体经济使命。新三板作为我国多层次资本市场体系的重要组成部分，自2013年成立至今，一直致力于解决中小企业资本市场融资难问题。2021年9月2日，习近平总书记郑重宣布深化新三板改革，支持中小企业创新发展，设立北京证券交易所，打造服务创新型中小企业主阵地。至此，新三板改革迎来了全新发展机遇。截至2022年12月31日，新三板挂牌公司6580家，北交所上市公司162家，另有99家在审企业、317家在辅企业，后备企业资源充足。

---

* 课题负责人：张剑，申万宏源证券承销保荐有限责任公司党委书记、董事长；苏梅，深圳价值在线信息科技股份有限公司董事长。课题组成员：秦懿、金碧霞、仇进、陈青、朱睿契、刘彪、谢日霞、韩伟承、彭超、孙莲珂、刘雄风、郁建超、黄谢意、朱磊、薛自强、邵玥明。

新三板监管主要依靠证券公司（即主办券商）进行持续督导。目前，有90余家主办券商对6000多家挂牌公司进行日常督导与服务。由于挂牌公司数量多、人员流动性较大等原因，存在公司治理不规范、未及时履行信息披露义务等问题，不利于投资者合法权益保护，对多层次资本市场高质量发展造成一定的影响。因此，如何完善主办券商持续督导工作质量和服务能力，如何为挂牌公司提供全面信息披露技术支持、大数据服务等金融科技创新成果，如何更好地督促挂牌公司诚实守信，规范履行信息披露义务，完善公司治理机制，以满足监管要求，是摆在主办券商面前的重要课题。

申万宏源证券承销保荐有限责任公司联合深圳价值在线信息科技股份有限公司成立课题研究组，通过翔实的数据统计、人工智能技术介绍等，对当下资本市场各板块上市公司合规现状、主办券商持续督导合规科技平台进行了研究与探讨，结合申万宏源承销保荐多年持续督导实务经验，梳理持续督导工作难点和瓶颈问题，主要如下：在主办券商层面，中小企业差异化明显，挂牌时间长短不一，挂牌公司董秘或信息披露负责人能力参差不齐，单纯依靠人工进行督导，在时间与精力上无法全面契合挂牌公司更多的服务要求和监管配合。在挂牌公司层面，部分挂牌公司对规范经营、信息披露要求理解欠妥、执行不到位。实际控制人、控股股东、董事长（总经理）、财务负责人与董秘（信息披露负责人）专业性欠缺、未勤勉尽责，董、监、高相关人员频繁变动，无法充分及时反馈主办券商，信息披露义务履行不及时。在技术支持层面，主办券商在应对监管要求与风险防范上存在一定的技术缺口、智能服务短板，无法迅速及时地甄别筛选市场各类有用信息，特别是资本市场最新动态、相关舆情，对于系统建设功能的全面化、人工智能和大数据运用尚需深入挖掘，现有技术系统智能化也存在短板与不足。

为此，在调研多家证券公司持续督导平台建设的基础上，本课题组创新性地提出依托金融科技（大数据、云计算、区块链、人工智能等）建设新三板持续督导合规科技平台，借助大数据关键技术，综合运用"电子预警、统计分析、数据挖掘、区块链技术、系统填报功能应用"等技术，围绕新三板挂牌公司监管要求、信息披露、公司治理、内控合规（特别是财务规范）以及舆情资讯等，进行实时监控和历史数据的分析调查，辅助主办券商持续督导工作人员对新三板挂牌公司进行全景式分析，并实时对资本市场持续督导总体情况进行监控检测，协助主办券商有效履行持续督导职责，保障新三板挂牌公司合规发展；同时大数据还为平台提供了新三板持续督导合规信息、IPO 服务体系，满足了持续督导过程中无论是券商端还是企业端对于数据的提取需求。人工智能技术在本项目中不仅实现了数据层面通过大量运用包括预训练语言模型（PTMs）、联合抽取（Joint Extraction）、图卷积神经网络（GCN）等国际前沿技术，构建了新三板持续督导领域法律法规相关知识图谱，也实现了算法层面的创新，实现信息持续督导过程中从"收集、加工、检索、数字化到风险识别推送自动化"，开启了新三板持续督导信息的智能化探索与应用模式。通过建设持续督导合规科技平台，致力于构建包括"监管传递、公司治理、信息披露、知识培训、业务指导、资讯推送、合规建设、投资者关系与管理"等综合金融服务保障平台和应用体系，特别是"专精特新"中小企业申报、直接融资对接等综合金融服务，辅导主办券商工作人员强化提升挂牌公司信息披露质量和公司治理合规水平，提高挂牌公司日常业务办理效率，赋能新三板挂牌公司、"专精特新"企业融资等服务，推动新三板持续督导从效率到质量的双重提高，从而实现持续督导业务向数字化、智能化转型升级。

持续督导核心在于聚焦金融服务实体经济的主责主业，强化证券公司市场竞争力与综合金融服务水平，将挂牌公司最真实的生产经营和公司规范、内控管理等资讯信息呈现在投资者面前，以确保信息披露依法合规，更好地彰显公司股票价值，从而减少、降低道德风险和市场失灵，提升中小企业公司治理水平，促进投资者进行甄选判断和价值投资。未来，持续督导平台将继续深入扩展应用于中小企业资本市场各项需求，借助金融科技和证券公司提供"经纪+投资+投行+研究"等多层次、全方位综合服务，精准实现需求对接，全面助力高质量发展，以满足"监管要求、督导服务、企业赋能"等多个场景需求与智能化服务，通过在技术层面实现人工智能、区块链存证技术、云计算、大数据，打造可信数据流通的便捷通道，为直通北交所上市公司"领航计划"做充分的技术储备与数据支撑。基于大数据以及人工智能的持续督导合规科技平台建设，将有利于建立"数字化、智能化"持续督导模式，夯实证券公司资本市场"守护人"角色，进一步防范化解金融风险，切实推动中小企业、挂牌公司高质量发展，持续提升金融服务实体经济质效，为中小企业、挂牌公司逐鹿更高层次资本市场牵针引线、搭建桥梁。

证券行业智能化全生命周期数据治理建设实践

天风证券股份有限公司　北京数语科技有限公司
深圳市长亮数据技术有限公司[*]

随着金融科技的飞速发展，证券行业生态和业务模式正在发生改变，同时监管机构积极鼓励和引导证券公司利用金融科技提升客户服务、经营管理和风险控制水平，加快公司数据化转型，国内证券公司已越来越注重数据在业务发展中发挥的重大作用。但目前国内证券公司在数据管理方面普遍存在信息系统建设孤岛化、数据存储碎片化、跨平台数据口径不一致等诸多问题，很难从源头管控数据标准和质量，从而造成数据价值损失。近年来，证券公司普遍开始重视数据治理工作，但由于主要采用运动式的治理模式、没有建立长效机制，问题无法得到根治，时间一久同类问题再次浮现。

针对证券行业存在的上述问题，天风证券课题组以实现数据资产价值为目标导向，以国际数据管理协会（DAMA）等国内外数据治理组织的方法论为理论指导，以证券期货行业的成果为基础，建立了全生命周期的数据治理体系，且有完善的实践案例，并联合业内领先的合作方，联合研发一款适用于上述数据治理体系的、实现全生命周期数据治理的数据资产管

---

[*] 课题负责人：蒋秋伟，天风证券首席信息官。课题组成员：黄红华、黄勇、徐宇航、刘柄力、李兵、郭东、孙华、彭洋、李鹏、何镛之、刘辰、徐斌、曾凡宸、王琤、朱金宝、辜敏、陈悦。

控平台。

所谓的数据全生命周期治理，即指数据治理团队与业务和技术人员紧密配合，不仅是在数据完成建设之后发现数据问题时进行治理，而且从数据的需求分析、设计实施、正式上线乃至运行监控的各个生命周期，深入介入，严格把控数据质量的治理体系。从天风证券的数据治理实践中，我们总结了以下4个实施要点：

一是推动数据治理流程落地。天风证券认为管理建在制度上、制度建在流程上、流程建在系统上、系统建在数据上是数据治理工作的"总诀式"。因此，从数据的标准化生产、采集、传输、消费以及销毁等全生命周期的管理入手，首先制定科学的、符合证券行业特点的数据管控流程，包括如何设置管控流程、节点、关联人员，数据流程管控的覆盖度（包括核心和非核心系统、存量和新增系统，以及事前、事中、事后的覆盖情况，从而避免普遍撒网而失去治理重点的问题），管控流程与常用的OA等系统整合情况的研究等，目标不仅要求完成管控流程覆盖数据全生命周期管控，而且能够实现针对数据类型的（如是否涉及指标数据以及是否涉及敏感数据等）"分类分级"精准管控流程落地。

二是促进数据治理研发融合。天风证券认为在数据全生命周期中，如何智能化地将治理工具与研发能力融合，实现治理目标，提升研发效率，具有非常重要的意义。天风证券的数据治理团队将数据资产管控平台、数据建模平台与数据研发过程中如何高效、智能地进行数据设计、数据采集和数据安全等工作密切结合，进行自动化采集、智能化设计和分类分级，从而将大量的数据研发人员从重复、烦琐的低技术含量的工作中解脱出来，同步严格实现数据标准、模型建设和落地，让数据治理不再成为研发人员的负担。

三是提升数据资产管理智能化。数据资产的管理是证券公司数据治理工作的核心，但在面对几百个业务系统和几百万数据字段时，人工的管理能力可以说是微不足道的。过去数据治理工作主要依赖人工开展逐条对比、按需分析的模式，比较依赖治理人员的职业技能水平以及工作效率，进而导致容易对数据治理工作逐步失去兴趣。为了解决以上问题并提升数据资产的管理，本文的研究基于智能数据资产管控平台，提升存量数据的管控工作效率，实现包括整合数据建模、标准管控、安全脱敏等功能；此外通过应用机器学习算法，为元数据、数据、数据标准等打上智能标签；支持业务人员根据语义标签查询目标数据资产，搜索结果包括指标标准、业务报表、BI面板、数据分析报告、数据产品等各类数据资产。

四是开展数据价值闭环评估。数据治理成果落地离不开对数据价值的量化评估。天风证券大力推动数据资产建设，还常常开展"回头看，再评估"等工作，通过量化方法实现对数据价值的评估，包括数据价值和数据质量评估。具体内容有：数据产品、报告、报表等内容的业务覆盖度、重要度、认可度以及热度、使用体验，以及质量检核规则、质量检查实施、质量检查报告、质量提升方案以及质量问题报告机制等。根据评估结果，确定后续数据治理和数据资产建设的发力方向。

天风证券从自身实践出发，研究形成符合证券行业业务发展的数据流程化精准化管控方法，覆盖研究数据治理研发融合、研究数据资产管理及赋能和研究数据资产价值评估，逐步引导业务人员提升数字化运营思维，实现数据资产价值化的目标。具体实践案例包括三项：

一是为落实数据全生命周期管控的目标，针对业务中台重点核心业务数据建设的项目，本课题组与业务部门、项目组和乙方深度协作，从应用系统的数据管控提交件，主要包括基础数据标准、数据模型和数据质量检核办法出发，辅助业务部门落实业务需求，实现数据治理落地目标。

二是为了执行打通全公司各业务领域的客户服务，天风证券加强子公司风险管理和内部控制，必须实现各系统客户数据的互联互通。通过开展大数据平台和数据中台建设，天风证券实现了全公司客户数据的树状层级整合，建设了公司级的、拓展性强的、要素完备的客户OneID数据资产。

三是过往证券公司的管理者在进行营销决策时依赖多个业务部门上报的数据和自身从业经验，存在指标口径不一、数据及时性不足等诸多困难。随着数据化运营的发展，天风证券建设了管理驾驶舱，为管理者呈现更及时、准确和全面的数据，有效地提升决策科学性和效率。

总之，本文从天风证券数据治理的实践经验出发，围绕数据治理体系建设，重点介绍数据全生命周期管控流程的建设要点，包括数据模型管理、数据标准管理、数据服务、数据质量以及治理评估体系等核心领域，以及实现治理研发一体化的方法论及落地工具平台，并结合典型落地案例，阐述了如何开展证券行业智能化全生命周期数据治理工作。

经纪业务客户交易结算资金智能化管理研究

甬兴证券有限公司[*]

客户交易结算资金存管体系是证券市场的基础设施,其安全和高效运行关系到证券市场的健康和稳定。由于客户资金第三方存管制度的实施以及证券市场交易结算资金监控系统的建立,客户资金安全的问题已得到了有效解决。

随着证券市场的快速发展,新的业务品种以及交收方式不断涌现,证券公司业务流程和客户服务创新层出不穷,对证券公司客户资金管理提出了更高的要求。但因证券公司业务系统的数据割裂、业务流程高度依赖人工干预、缺乏标准化的处理流程等原因,行业内现行的客户资金管理方式普遍存在操作风险频发、管理效率低下、投入成本较高等问题,证券公司客户资金管理在业务交收、客户取款、息费核算、资金安全、风险管理、成本控制、监管要求等方面的"痛点"长期得不到有效解决。

为切实解决客户资金管理的问题,从根本上保障客户资金安全和高效管理,近年来,甬兴证券开始探索基于结算规则、监管规定和内控需求的客户资金智能化系统解决方案。本方案用创新性思路研究优化公司客户资金管理体系和相关系统,旨在为客户资金管理提出标准化、智能化的综合管理方案。

---

[*] 课题负责人:周丰伟,甬兴证券运营管理部总经理。课题组成员:王菲、陈步洲、洪智源、胡健、屈莉娜、杨洋、王贝妮、胡怡航。

首先，重新梳理客户资金管理体系，明确了客户资金管理的四个核心环节，即资金摆放、划付、核算及监控，并围绕这四个核心环节建立了六项运作体系，包括组织体系、账户体系、划付体系、核算体系、监控体系及技术体系，以厘清客户资金在账户、交收、划付和监控层面的基本业务规则和流程规范，形成相关存款账户、划款路径、存放比例、调拨策略等资金管理要素，并实现标准化和电子化。

其次，建立客户资金全业务场景库，涵盖日初资金归集、各类业务交收、日间客户取款、日终资金归集、日终资金摆放、自有收支调整、存管费及季度结息核算等所有业务场景。各类业务场景可按业务实际进行组合，并随业务发展进行持续更新；另外再综合考虑划付效率及资金收益，为各类业务场景设置相匹配的划付路径和划付策略，以固化资金划付路径，满足资金封闭管理的要求。在此基础上，课题组利用技术手段对全部业务场景进行数字化建模，将客户资金各类业务交收规则、监管规则、资金划付关键要素、资金存取流动性要求等信息纳入建模底层逻辑。在预设的条件下，各业务场景的处理机制可实现自动触发、自动校验、自动执行、自动跟踪，保障客户资金能够及时准确地完成交收、满足客户取款需求、符合各项监管规定。

再次，采用自动化、智能化技术开发思路，实现资金划付预指令的自动生成与款项的自动出款，大幅减少了手工操作环节，有效降低因划款指令要素错误等人工操作原因引起的风险。依据券商的一般业务类型，智能化管理将日常业务划款指令主要分为以下几类：资金归集、自有收支调整、各市场交收、客户取款、代收付款项、RTGS 交收处理、日终分配等。不同类型的指令依据规则规定的交收时点与各公司的自主安排，分时、分批地生成与执行，除开放式基金认购、申购款对外支付因审慎原因加入必要的人工审核，以及 RTGS 交收跨系统处理等个别环节外，其余资金划付已实现全过程自动化运行。特别值得提出的是，近期中国结算上海分公司上线了"参与人端入账功能"，该功能与传统的使用银企接口进行资金调拨相比稳定性更高，从根本上防范了证券公司资金管理人员出款要素录入错误等操作风险，减少了银企接口相关费用成本，避免了繁杂的前置机管理工作。通过调用中国结算参与人端入账数据接口,实现了存管银行与中国结算之间资金调拨的秒级到账,大大提升了资金管理人员的工作效率,是甬兴证券客户资金智能化管理的重要基础之一。

最后,开展客户资金全时段自动监测,建立了多路校验、交叉稽核的监控机制。通过关键时间点监控、多维度数据检查、内部稽核、账实核对、多指标监控等措施,对资金运营中可能出现的风险进行业务预判、事前监控、事中报警、事后跟踪。整个监测的逻辑分为五类:系统权限监控、日初资金稽核、日间实时监测、账实资金核对和自动预警提示。系统权限监控主要针对各种系统和用户的证书与权限进行监控管理;日初资金稽核是为了确保每交易日日初数据的准确性和资金体系的安全性;日间实时监测可以全面监管资金管理人员日常操作过程中的各种风险;账实资金核对定时核对账务与实体资金头寸的一致性;自动预警提示智能化推送各种异常信息,提醒资金管理人员和资金监测人员对异常数据进行及时处理。通过多维度、立体化的客户资金风险防控体系,保障客户资金完整安全、封闭运行。

经过近两年的探索与实践,甬兴证券客户资金智能化管理系统运行成效显著:一是有效防范了业务风险,未发生过风险事件;二是客户资金岗位相关人员大幅减少,节省了较多的人力成本;三是在行业券商普遍采取外购系统的情况下,甬兴证券通过自主研发,节省了上百万元的系统初始采购成本以及每年几十万元的系统维护成本;四是在行业内首创性地实现了客户资金管理"无人值守"。

在研究及实践过程中,我们实现了一系列创新:通过对资金管理全业务流程进行梳理、归纳,建立了可动态调整、持续更新的全业务场景库,实现了客户资金管理业务场景的"全覆盖";通过建立智能预测、事前防控、事中预警、事后跟踪的风险防控机制,弥补了现行客户资金事后监控机制的缺陷,真正实现了全景式、全流程的客户资金管理连续运转,保障客户资金运行的"零风险";通过汇总并转译各业务流程的基础要素、处理进程、处理结果、监控反馈等数据,建立了可视化的资金业务数据全景,使资金管理全业务流程可视、可控、可追溯,实现了高效的"人机互通";通过对客户资金进行自动化建模,打通各业务流程断点,实现了资金管理全业务流程的无"缝"衔接、闭环处理,在行业内首创性地实现了客户资金管理"无人值守"。

综上,本文认为,秉承"守正创新""安全可控"的原则,将投资者利益和资金安全位于首位,基于多规则、多策略和全流程的金融科技应用和赋能,探索客户资金管理的智能化、自动化,可以为证券公司开展金融科技创新和数字化转型"破局"提供借鉴。

基于大数据和人工智能的特定股东股份智能管理系统研究

中国银河证券股份有限公司

深圳价值在线信息科技股份有限公司*

近年来,监管部门对推进依法治市、完善监管规则制度等资本市场法制建设工作高度重视,推出一系列合规交易基础制度,进一步提高了对资本市场违法行为的打击力度,对上市公司及其股东、董监高等市场关键主体的合规发展提出更高的要求。在科技革命与产业变革的双重驱动下,研究平台化、智能化解决方案,以大数据和人工智能等科技手段赋能证券市场合规服务,对建设规范透明、有活力、有韧性的中国资本市场具有重要的参考价值及借鉴意义。

本文通过理论研究、调研分析、定量分析、多层次分析四种方式,对中国资本市场的发展情况以及股份交易制度进行了深入研究,同时对特定股份及特定股份管理作出明确定义和范围框定,包括各类型股东的增持、减持及回购行为因特定身份情形、持股比例、持股来源、受不同合规交易规则组合限制的股份等。在我国资本市场的发展中,增持、减持及回购行为能有效调整上市公司存量股份的结构,并以此改变二级市场的股票供求关系,影响资本市场的股价变动,对特定的市场趋势产生一定的影响。近

---

* 课题负责人:唐沛来,银河证券信息技术部总经理。课题组成员:佟萌、刘冰、苏梅、魏自恩、万锋宇、赵永强、郭儒佳、于泓、杜元锋、郭睿、张依雯、包荣鑫、张皓禹、赵俐怡、林希蔓。

年来，监管机构为规范特定股份交易行为，陆续出台了一系列监管法规与实施细则，由于对法规的解读需要专业的知识储备以及大量的参照案例，上市公司股东可能在交易过程中触及合规红线，从而导致违规交易，使其本身乃至上市公司层面受到监管处罚。传统的人工收集整理法规的方式已经难以跟上监管科技的发展步伐，充分利用技术手段搭建特定股份合规科技平台，探索监管机构、证券公司、上市公司、股东及董、监、高等关键主体之间的相互影响及关系，通过技术手段把前者和第三方科技服务公司等市场参与方进行有效连接，是解决特定股份合规交易问题的有效实践路径。

中国银河证券充分利用金融科技，构建围绕上市公司的特定股份合规科技平台，以"数据+合规引擎+交易"为核心构造特定股份全链条生态圈。平台覆盖数据服务、应用以及交易服务等上市公司和关键股东的核心诉求，从特定股份合规管理延展构建一体化全周期的生态体系，实现科技价值赋能全业务链条。平台整体框架由特定股份数据平台、合规算法引擎以及数字化应用平台三个核心模块组成。

特定股份数据平台是整个项目的基础技术底座，将大数据处理能力封装为平台基础服务，对于海量的市场原始数据，经过平台数据加工、流式抽取、聚合清洗，有效支持各类业务场景的高频查询服务。同时数据平台将各类非结构化数据处理后构建了统一的数据模型，能够精准对接用户的个性化需求，提升业务服务满意度。在大数据存储方面，数据平台利用云处理技术、加强数采过程的漏洞管理，有效规避数据安全的问题，保障上市公司和特定股份数据的隐私安全。在非结构化公告数据抽取中，广泛应用了文档建模、联合抽取等多种先进技术。文档建模技术可以将文本、布局和图像信息在统一的框架中共同建模训练，从而更好地学习到不同模态之间的关联。联合抽取用于特定股东字段抽取及关系判定，仅使用一个模型即可完成实体和关系的嵌套抽取，解决了传统流水线模式导致的暴露偏差和误差累积。

特定股份合规算法引擎平台是基于数据平台为特定股份提供的合规管控服务，聚焦合规算法逻辑实现，是整个科技平台的核心中台服务，实现业务的高内聚、低耦合。算法引擎将人工智能和机器学习作为基础支撑技术，通过智能化的手段精准解析《证券法》等几十份法规文件、上百条法律法规，并自动转换为可识别的合规算法公式，实现对关键股东交易行为的事前风控、事中监管和事后披露，避免客户在交易层面违反各类监管规则。算法引擎基于法律法规知识图谱，通过知识聚合获取候选节点，使用知识检索提取事件、交易方向、交易数量、股东身份等上下位关系节点。基于知识推理技术提炼规则的定量与变量数据，形成特定的底层算法引擎和自动化流程模板，打破业务壁垒和数据孤岛。最后嵌入深度强化学习模型，通过交互与奖励的多轮迭代，实现多状态间的转换以推演算法的其余可能性。

特定股份数字化应用平台为用户提供多种接入渠道，包括 Web 端、PC 端和 App 端，通过资金账户完成统一的用户管理、串联不同的渠道以提供统一用户管理方案，对接一致的应用服务，保证不同渠道的数据互通和功能互动，在合规管控服务的基础上串联各个渠道的交易服务，对接多类型交易柜台，快速接入各个交易终端在交易过程中实时为股东提供测算服务。同时基于技术底层架构和完善的中台服务等金融科技创新手段，针对特定用户不同的需求痛点提供不同的服务版本和接入渠道，包括上市公司、关键股东、高净值客户以及创投基金特定股等用户群体，充分利用平台高可用易扩展的特性快速提供差异化的合规管控服务。

中国银河证券特定股份合规科技平台充分利用金融科技手段驱动业务服务生态建设，促进数字化业务变革，首先，以数据平台服务为基础，将 Hadoop 数据库和传统 MySQL 关系型数据库联合，创造性地解决海量非结构化数据处理存储以及建立统一的数据模型的问题，多层次全方位保障其数据访问的时效性及安全性，有效支撑前端业务的发展和创新。其次，以合规交易算法引擎建设为平台核心，借助机器学习、自动拆分法规条文，解析形成算法公式。同时利用 AI 智能匹配算法实现关键群体画像，以此精准匹配合规交易客群。再次，通过引入 AI 减持预估模型，利用人工智能和大数据计算方法解析出当前股东持有的特定股份适配的法规条目细则并自动匹配到各个算法中，通过引擎快速计算出股东当前是否可以做减持交易以及减持可用额度,计算禁止交易的结束日期。AI减持预估将合规风险智能判断前置,通过合规性的预估触达股份交易的临界点,合理安排特定股份的减持计划,同时结合收益测算,形成对其特定股份合规交易的充分预期空间。最后,创设性地构建三方监管服务模式,即由证券公司、科技服务机构、上市公司三方签署合作协议,各方明确权责,构建完整的合规风控管理体系,强化完善内控制度,共同助推证券市场交易秩序化、合规化、数字化的实践与发展。

基于对证券行业特定股份合规交易业务的研究分析,我们认为可以从加强合规监管产品与相关技术的深度融合,促进建立类似合规管控服务一体化、数字化的综合金融服务平台方面提出几点展望:首先,可以利用证券公司合规专业性深度,做好上市公司特定股份交易合规"看门人",助力上市公司股份增持、减持的实施,实现上市公司高质量发展。其次,在技术上增加特定股份合规科技平台的技术深度,实现各金融机构数据的互联互通,提升系统在一致行动人组跨机构托管情形下的减持管理准确度,增加系统的数据共享等附加价值。进一步深化技术手段,与证券公司辅助上市公司股份合规交易业务的融合,结合数字技术,构建多样化的业务协作工具,形成以数据为依托、业务需求为导向、业务协作工具为手段的创新模式。最后,可以结合上市公司在合规交易方面存在的主要问题以及监管部门的关注重点,编制相关推广课程并定期进行培训及相关规则解读研讨会。

基于深度学习的文档智能撰写在投行业务中的应用研究

中国银河证券股份有限公司　北京庖丁科技有限公司[*]

基于在深度学习方面的技术积累，本文创新性地开展"用AI技术模拟投行人员撰写过程"的技术方案研究，聚焦于富格式文档结构化处理、金融文档自然语言理解、投行文档数据提取等几类核心技术，挖掘投行业务需求，针对不同特征的文档生成任务采用不同的技术措施，以业务为导向完成了项目应用层UI、业务逻辑的设计与开发工作，打造了一个可落地的投行文档智能撰写场景方案。

在金融文档智能化处理领域的研究和应用主要是基于机器学习分支下的深度学习技术中的若干分支，使用模型对投行业务的富格式的Word/PDF文档进行解析。富格式文档通常是包含标题、文字段落、图片、表格、图表及公式的有机排版，大量的关键信息分散在金融文档的各个段落和表格中，因此解析富格式文档往往涉及较多复杂的问题，实际业务中会使用多个模型解决不同类型的问题，并使用RPC技术将这些模型进行整合。

文档智能处理分为结构识别与语义理解两个阶段。结构识别阶段，由一组CNN/RNN模型在OCR的支持下识别文档物理与逻辑结构，将文档完

---

[*] 课题负责人：杨军，银河证券信息技术部项目经理；罗平，庖丁科技公司联合创始人、首席科学家、中科院博士生导师。课题组成员：唐沛来、霍宇红、部德振、张琢珲、王建龙、张帆、李国祥。

全结构化为若干独立的标题、段落、表格、图表等内容块，最后明确逻辑结构的阅读顺序和文档的目录结构，输出为结构化的 JSON 数据。语义理解阶段，结构化后的段落内容会由一组 DAG－LSTM/Bert 模型进行自然语言理解（即 NLP 处理），提取内容中的实体、关系组成若干多元组完成语义理解。结构识别与语义理解并非完全顺序处理，因为在结构识别过程中会迭代引用语义理解的结果，以对文档中可能存在的无线框、跨页等复杂排版的表格进行有效识别。富格式文档通过这两个阶段的处理后，可得到这份文档的结构数据和若干表达内容语义的多元组，这些多元组和多元组之间的关系构成了文档的知识图谱。

深度学习模型的训练和调优是一个工程与算法深度交叉的复杂步骤，需要大量标注数据、金融语料等，因此一个完备的数据标注与模型训练平台对模型的生产效率和质量至关重要。平台需要形成文档解析、标注、模型训练、测试调优、用户反馈、问题分析、算法改进、生成 API 的闭环，以及标注数据库、领域知识库、专业词汇库等长期积累的结构化数据，并具备借助用户反馈数据来持续优化各类模型的能力。

由若干模型协同将文档完成结构化与知识图谱化的过程，让计算机具备了与人类相似的文档理解能力，利用该过程生成的文档结构数据和知识图谱数据，可以用来支撑多种业务场景的智能化应用。

将投行文档完成结构化与知识图谱化后，散落在申报材料、审计报告、财务报告等文档的段落和表格中的财务数据和业务相关信息就汇聚到一个整体的知识图谱中，大量的人工作业便可以由这类深度学习模型完成。例如，将一个文件中的特定数据复制到另一个文件的特定位置，智能更新文档中的时间点或时间序列，根据一个文档中的数据情况对该文档或另一个文档进行表格行列数量之类的格式调整。

通过对债券业务全生命周期所有文档的特征进行梳理，可将撰写过程中的业务需求归纳为两类技术问题：文档内容框架问题和数据更新问题，这两类问题需要顺序解决，也就是首先要解决文档内容框架问题得到预留数据点的文档模板，然后在这个模板中填充数据与时间等。文档内容框架问题包括篇幅较短且内容标准化、可以模板化的一类，以及篇幅较长且内容灵活性高、不可以模板化的一类，对于后者我们需要基于一份相似度最高的文档使用 AI 模型智能、动态地生成"模板"。而待更新的数据源包括两类：从结构化数据库中检索而来、从同项目前序文件中利用数据提取深度学习模型自动提取。

不管文档内容框架是模板化还是模型生成，基于文档内容框架完成数据更新过程是相似的。但文档内容框架是否有固定的模板对技术栈有较大的影响，我们采用分而治之的设计思想，以"是否可以预制模板"为界分为"智能填充"与"智能刷报"两类技术。"刷报"一词是投行业务用语，指投行人员从新版财务报告中摘抄数据并更新到信息披露文档的过程，需要从头到尾把信息披露文档"刷"一遍，以往这个过程完全由人力主导。

智能填充技术解决有模板的、比较标准化的文档的撰写工作，实际业务中会按监管要求预制一个模板并预留待填充的数据点，文档生成时需要提取数据库中的内容或使用深度学习模型从其他文件中提取内容来填充这份模板，就可以生成一份全新文档。智能填充方法包含了过往"模板填充"方法的所有技术，可以完全替代模板填充方法，主要区别是智能填充可以利用深度学习模型从文档中提取数据，而模板填充仅能从数据库提取数据。因为增加了提取数据的模型，所以智能填充的文档完成度更高，适用场景也更广。智能填充在债券发行和存续阶段的发行、上市、利率、付息、摘牌等公告中数据点填充完成度在 95% 以上，在年度受托管理、半年报、年报等公告中完成度在 92% 以上。而在相同模板的前提下，模板填充方法平均仅能完成 40%—60%，相差很大。

智能刷报技术对深度学习模型的能力要求更高，其文档模板需要在若干模型的配合下从相似文档的内容中提取文档结构重建为可编辑的 Word 文档，同时在这个 Word 文档中自动预设数据填充点，之后待更新的数据也需要从复杂的财务报告中提取，整个过程几乎没有现成的结构化数据库可用。智能刷报适用于债券募集说明书等篇幅大于百页的非常复杂专业的文档，因此，在与刷报相关的 AI 模型开发、训练、调优工作中我们完成了更难的挑战，目前智能刷报在生成申报阶段文档时已经可替代人工 93% 以上的工作。

我们以智能填充与智能刷报两类技术为基础平台，以其底层若干类深度学习模型为核心引擎，并在应用层结合数据处理与替换、财务指标计算、表格内关系计算、模板填充、在线富文本编辑器、在线审核与修订、文档导出等工程技术形成 B/S 架构的开发方案，完善了前后端通讯 API，攻克了文档在线查看与编辑的技术难点，借此打造一个能够充分满足投行文档撰写需求的场景化软件产品，辅助投行业务人员完成原本完全由人工撰写的文档，提升撰写效率和文档质量。

金融科技在场外衍生品业务中的应用研究

中国银河证券股份有限公司[*]

金融衍生品是我国金融市场的重要组成部分，不仅能够为实体经济提供风险管理工具，对冲各类原材料和资产价格波动造成的风险，而且由于交易商的逆市操作，在一定程度上能够稳定金融市场。相比场内衍生品，场外衍生品具备高度灵活可定制化的特点，可以更好地满足机构客户差异化的投资需求。证券公司通过为实体企业提供期权、互换等场外衍生品业务，一方面降低了企业参与衍生品市场的门槛，更好地为实体经济服务，另一方面也实现了自身收益的增厚。

对比海外同业，我国券商场外衍生品业务起步晚、发展快。在快速增长的过程中，也遇到了一些新的问题。与此同时，以人工智能等技术为代表的金融科技也在日新月异地迭代，新技术新概念层出不穷，这就为问题的解决提供了契机。金融科技可以从客户登记、询价、报价、产品定价、合约簿记、对冲、风险控制、数据报送等各个方面提升工作效率，降低人力成本和时间成本，是推动场外衍生品业务发展、助力券商服务实体经济的重要手段。

银河证券非常重视金融科技和场外衍生品业务的融合，早在前期就制定了"智能银河"发展规划，着力构建金融科技体系支持业务发展并已初见成效。本文围绕金融科技赋能场外衍生品业务，从机器学习、低代码、

---

[*] 课题负责人：张堃，银河证券创新投资业务部负责人。课题组成员：丁晓乐、范中瑾、张帆、苏帅、牛宪龙、胡大伟、许文安、李鹏翔、尹航、杨伟航、刘华、余慧佳、许棪、李智强。

自然语言处理、KYC、RPA、内存交易这几个方面，系统论述了银河证券构建金融科技体系赋能场外衍生品业务的研究与实践。

第一，探索用各类机器学习解决期权估值和对冲中遇到的问题。首先，我们将神经网络算法与蒙特卡洛法定价相结合。奇异期权估值常用的蒙特卡洛估值法通常需要模拟标的 100 万条价格路径才能算出达到一定精度的估值，运算量非常大。我们运用神经网络算法和蒙特卡洛估值法相结合的方式对雪球期权进行定价，在保证精度的前提下大幅提高了运算速度。其次，对于雪球定价常用的有限差分法，该方法会通过计算产生若干大型矩阵，因此会对存储空间造成一定的压力。用神经网络学习估值矩阵和希腊字母矩阵，在保证业务应用可行的前提下，实现了 1000 倍的空间节省。最后，对深度对冲进行初步探索。传统的 Delta 对冲局限于资产价格模型假设，同时忽略了交易成本，与实际的市场情况有一定偏离。另一种常用的模型——Heston 的假设更贴近于现实世界，然而由于 Heston 模型本身的复杂性，很难在数学上得到期权的解析解，这为实际业务应用带来诸多不便。我们利用深度对冲，在不进行复杂定价的前提下得到比传统 Delta 策略更优的对冲策略，对不同风险偏好的投资者生成不同的策略曲线，以期更好地满足市场多样化的需求。

第二，在衍生品定价方面，运用低代码技术，对市场中常见场外期权结构进行高度抽象，将香草、二元、障碍、票息、现金流、标的行情、估值算法等作为基础组件，通过模板定制的方式实现期权结构的新增和定价。相比于传统场外期权业务系统新增期权结构的研发模式，GLEBA 以线上配置的方式实现了期权结构新增与估值，大大提高了信息系统支持业务创新的效率，同时也降低了 Quant 开发的门槛，相关人员仅需在模板中定义结构要素并通过组件语言描述收益即可定义新期权结构，无须编写代码、无须了解定价算法，既能极大地提高工作效率，也能防止定制开发过程中出现的错误。

第三，在客户询价、报价阶段，当前人力不足的问题在行业内普遍存在。在询价高峰期，交易员只能优先响应大客户，数量众多的小客户因此被忽略，即使收到响应的客户也会等待相当长时间，一方面影响客户体验，另一方面交易员疲于应付。一些大的同业机构通过大量招聘交易员来解决这一问题，但是手工处理缓慢且容易出错，增加人力并不能从根本上解决问题。只有让机器人取代人工操作，才是解决这一问题的最终出路。我们结合深度学习和 NLP 技术，通过开发微信机器人提供询价服务来彻底解决客户询价的响应难题，不仅把交易员从繁重的报价工作中解放出来，也能对所有客户的询价需求给予及时响应，节约了运营成本和时间成本。

第四，为保证交易安全性，响应合规风控要求，我们进一步建立了 KYC 系统来优化反洗钱、反恐怖主义融资等风险管理。在传统模式下，客户准入往往需要数天的时间。客户人工填写资料，后台人工审核，容易出现填错、漏审的现象，后续人工进行合规检查及风险评估，需要去各个平台检索，不仅效率低且容易出现疏漏。引入 KYC 系统后，可以使场外衍生品业务客户准入由数天缩减为当天可准入、可交易，大大缩短了运营周期，助力业务快速响应市场变化，推动业务高速发展。在监管、合规检查、风控等方面，通过引入大数据手段，自动抓取公开数据，根据客户风险模型，自动对客户的反洗钱、合规、风险进行评估，无论是质量还是效率，都有了大幅度提升。

第五，在合约的用印阶段，传统线下模式的交易确认书、协议文档处理需要用印、邮寄、扫描，会占用运营人员大量时间，如遇跨境业务需寄送至境外则会长达数周之久。我们运用 RPA 结合 OCR 智能文档技术实现了合约要素提取、规范化命名和自动化归档等，使新合约的处理更加线上化、标准化。原来需要一周甚至数周才能完成的交易确认书双方用印和报送，可以降低至最快不超过 5 分钟即可完成，且支持批量处理。大大提升了运营效率，实现了公司内部跨系统和工作流程的自动化，更快地实现了新合约的同步。

第六，为更好地支持场外跨境互换业务的开展，实现跨境互换业务全流程自动化，我们在内存交易技术基础上搭建了跨境收益互换 DMA 内存交易系统。系统支持 5×24 小时全天候执行、全流程管理，同时对现有的 OTC 系统收益互换中台进行相应改造，完成与新建 DMA 订单内存交易系统的对接，支持基于 DMA 交易成交结果自动生成场外收益互换合约，并完成相应的风控检查和监管报送，以提供高效的风险管理能力和更智能的客户流程智能化便捷管理，更好地服务境内外客户。

综上所述，金融科技可以应用在场外衍生品业务的询价、估值、报送、合规和 DMA 等众多场景中，不仅极大地减轻了人工负担，降低运营压力，而且服务了更加广泛的客户群，更好地完成监管报送任务和合规风控，有力支持了衍生品业务服务实体经济，满足客户风险管理需求。

基于人工智能技术的知识中台在综合财富管理业务中的应用研究

中信建投证券股份有限公司

瑞泊（北京）人工智能科技有限公司*

财富管理业务在其诞生之初就具有极强的"综合性"，也即需要提供"以客户为中心"的高度个性化、定制化的服务，但财富管理业务越来越呈现出模板化和标准化的特征：财富管理不综合。我国综合财富管理业务起步较晚，除了需要解决"财富管理不综合"的问题外，同时还面临着人才资源不足、组织协同效率低、综合服务能力不足等问题。如何有效应对这些问题和挑战，从而快速提升综合财富管理服务质量和服务水平是我国财富管理机构当前重要的课题。

通过对海外财富管理代表性机构摩根士丹利实践情况的研究梳理，发现摩根士丹利自始至终都非常重视新技术应用，尤其是近年来，在使用数字化技术为财富管理顾问构建"高级赋能型应用"的创新实践上持续投入，为"规模化"地提供"定制化"服务提供了新的选项，这也对解决我国财富管理机构所面临的问题提供了很强的借鉴意义。高级赋能型应用，需要建立在强大的数据加工能力基础上，同时还需考虑补足人才资源和组织协同效率方面的短板；基于人工智能技术的知识中台正是符合这些要求

---

* 课题负责人：肖钢，中信建投证券执行委员会委员、首席信息官、信息技术部行政负责人。课题组成员：董雁斌、潘建东、刘国杨、石云、王赵鹏、尹序鑫、周瑞雪、马张晖、张博尧、孙正烈、苟甜。

的一种高级赋能型应用，是我国综合财富管理应对当前面临问题和挑战的有力武器。基于人工智能技术的知识中台可以支撑多种生产场景，包括多源异构数据的加工处理、自动持续的知识生产、知识经验便捷沉淀及共享、构建由多种知识表示方式所支撑的高级分析工具、构建组织统一的认知及决策视野，这些场景高度符合我国综合财富管理业务发展的多种客观要求。

目前，关于知识中台的概念和技术认知较为多样，为此本文对知识中台的概念进行辨析，并给出定义：知识中台是以中台形式兼容组织内部多源异构数据来源，屏蔽复杂的架构、系统、流程、治理体系等方面的细节，聚焦于以组织知识生产和沉淀为核心内容，以知识的"随需而用"为基础服务，以支撑高级分析和辅助决策为最终目标的一整套技术及管理体系。通过关键技术溯源研究，发现知识中台与"知识发现及数据挖掘"和"符号主义人工智能的专家系统"具有紧密的技术传承关系，而知识中台对上述两项技术最关键的创新扩展，就是利用基于人工智能算法模型来实现自动化知识工程，进而实现持续自动的知识生产作业，这种创新有效克服了传统人工知识生产方式实效性不高的缺点，进一步切实实现了在数字化转型背景下所要求的"数据驱动业务"的技术要求。本文将符合上述描述的知识中台定义为：基于人工智能技术的知识中台。

在对基于人工智能技术的知识中台在综合财富管理业务中的应用场景进行细致分析后，本文将应用场景归纳为知识持续生产及迭代、高级分析及辅助工具支持、知识生产成果的高效检索及利用这三个大的方向，并对基于人工智能技术的知识中台的架构和核心功能模块进行了设计和介绍说明。从架构和功能模块的视角看，与传统中台类的解决方案相比，基于人工智能技术的知识中台的先进性主要体现在五个方面：一是能够实现对多源异构数据进行统一兼容编码预处理的生产源分析管理模块；二是能够对各种知识表示形式知识生产算法模型进行配置的模型管理模块；三是能够支持业务人员按需进行无代码配置生产源和知识表示形式的知识定义模块；四是将基于人工智能算法加工生产知识的"黑盒"过程"白盒"化的知识生产管理模块；五是可以支撑应用层"知识随需而用"嵌入智能问答相关技术的知识应用模块。

基于中信建投证券知识中台的建设实践以及将知识中台在综合财富管理业务中的应用实践，本文从三大应用方向的角度，对基于人工智能技术的知识中台的生产运行及具体落地应用情况进行介绍。目前，中信建投证券基于人工智能技术的知识中台已在线稳定运行，实现了组织内各部门及分支机构数据库、表格、文本、图像、音视频文件的聚合接入；支持知识定义、模型管理、知识生产、知识管理、知识应用的全流程无代码图形工具化操作；支持图、FAQ问答对、向量等多样化知识表示形式的知识生产；支持以问答式自然语言交互和智能助手方式进行已生产知识的高效检索和利用，并在线支撑多个高级分析及决策辅助应用的"数据精加工"需求。

在知识生产成果的高效检索方面，目前已经实现基于多级跳转式问答和基于问答对问答两种主要的知识检索方式，同时辅以传统的全文检索式的知识检索作为保底检索方案。检索服务会根据使用者的问题及目前知识中台已生产知识的情况自适应地评判最优答案及答案呈现的优先顺序。在知识生产成果的高效利用方面，面向财富管理顾问所研发的智能助手类应用，可以嵌入财富管理资产配置平台及会话类系统中，根据使用场景和对话内容为财富管理顾问提供帮助和提示。在与客户的会话过程中，财富管理顾问可以通过智能助手对会话内容进行实时分析。基于知识中台生产的各类型知识和NLP信息抽取技术，可以实现以下智能化的赋能型功能：会话关键信息识别及提醒、知识实时推荐等，进而实现知识的场景式"随需而用"。在高级分析及决策辅助应用的数据支持方面，本文从客户类、业务类和组织协同类三个角度对知识中台的应用实践情况进行介绍。客户类：利用知识中台的持续生产能力，实现客户全维度、高时效洞察分析，满足综合财富管理的"需求驱动业务"以及"高时效交互"的业务要求；业务类：面向业务难点问题，利用知识中台生产出基于产业链关系的图表示类知识，用以支撑事件影响分析和预测因子挖掘两个新研发系统的数据需求；协同类：利用知识中台将客户、员工相关数据进行生产加工，实现基于客户特征的团队协同组队推荐，有效提升组织协同效率及综合服务能力。

  目前，业界对基于人工智能技术的知识中台的认知与实践仍处于早期起步阶段，大量问题仍需要进一步的深入研究和实践来解决、优化、完善。本文就未来可以继续深化的研究方向进行概述，希望激发学界、业界对基于人工智能技术的知识中台的研究兴趣，共同探索、实践、助力我国综合财富管理业务的发展。

证券行业技术标准化提升金融科技系统交付能力的研究与实践

中信建投证券股份有限公司　中国标准化研究院[*]

标准是经济活动和社会发展的重要技术支撑，是国家基础性制度的重要方面。标准化在推进国家治理体系和治理能力现代化中发挥着基础性、引领性的作用。近年来，党中央、国务院高度重视标准化工作，2021年10月印发《国家标准化发展纲要》，明确了2025—2035年我国标准化工作的发展目标和主要任务。为贯彻落实《国家标准化发展纲要》，更好地完善金融治理体系基础性制度，助力现代金融体系建设，多家监管机构联合印发了《金融标准化"十四五"发展规划》，中国证监会也印发了《证券期货业科技发展"十四五"规划》等文件，均体现出标准化在助力金融行业监管、金融机构以及金融标准自身数字化转型中的重要引领和支撑作用。当前我国金融标准化正在迎来重要战略机遇期，证券业标准化工作的深入开展将为金融科技与证券行业的融合、高质量发展带来新的机遇和挑战。

金融科技系统交付水平是金融科技系统建设能力的重要体现，技术标准化在金融科技系统交付中起到的作用越来越重要，如何通过技术标准化助力高质量高效率的金融科技系统交付，值得从业人员思考和探索。

本文对证券行业技术标准化提升金融科技系统交付能力与技术管理水

---

[*] 课题负责人：肖钢，中信建投证券执行委员会委员、首席信息官、信息技术部行政负责人。
课题组成员：孟晋津、张建军、徐志彬、刘晨、贾彪、王洋、吴刚、宋璐璐、吴冰、闫竞彧、王春艳、侯韩芳。

平方面进行了深入研究。为了提升国际标准、区域标准、国家标准、行业标准、地方标准和团体标准等外部标准在企业的落地和执行效果，为了提升企业技术标准化水平，以标立业，以标强企，充分发挥标准的引领作用，加快标准数字化进程，以应对实现可持续、高质量发展目标所面临的挑战，本文提出构建适合于证券行业的企业技术标准化体系，明确企业技术标准化的总体纲要，以及六大核心内容（定义标准化、分类标准化、模板标准化、过程标准化、工具标准化和评估标准化）和四项保障机制（包括组织结构、人才培养、投入保障以及文化建设），通过实现企业技术标准化的目标，达到技术标准"三覆盖"（信息系统全覆盖、技术人员全覆盖和系统建设周期全覆盖），根据"全员覆盖、统一管控、内外一致、保障质量和落地可行"五个企业技术标准化的原则，指导开展相关企业内部技术标准化工作。

在技术标准落地过程中，当引入的国际标准、区域标准、国家标准、行业标准、地方标准和团体标准等外部标准和企业实际情况存在差异时，如果直接采用，就会导致标准落地和执行难度较大。因此，针对这些外部标准，要充分解读和理解其内涵，在符合外部标准的前提下，基于企业的实际情况和自身特点，对外部标准进行适当转换，形成适合于企业的技术标准，以使标准更有针对性，具备更高的执行性和操作性。

标准不是孤立静止的，而是在动态中不断改进和完善的，本文提出企业内技术标准生命周期（即标准制定、标准宣贯、标准执行、标准检查和标准反馈）的管理闭环，不断改进和优化技术标准本身和执行过程，使整个技术标准落地实施过程更具指导作用、更科学、更合理、更加适合企业的需要。通过引入技术标准化工具平台，降低技术标准执行和检查的成本，提升技术标准的执行效果，使技术标准在系统建设周期各阶段的执行情况数字化、可视化、可度量、可分析，在规范系统研运工作的同时，控制产品质量，提升交付能力，更好地支持业务的发展。建立了技术标准化成熟度模型，从数字化角度，帮助企业了解内部技术标准的质量和执行效果，有助于针对性地提高企业技术标准化水平，促进技术标准对企业工作的指导。提出企业技术标准化的组织结构是支撑技术标准在企业落地的核心动力，通过建立分层的组织结构，让技术标准的参与者明确分工，行使各自职责，相互制约制衡，做到企业技术标准化体系工作的统筹管理和协调安排。提升企业的技术标准化水平，最重要的是全员的参与和支持，要从组织级，积极培养全员的技术标准化意识，努力打造全员标准化的文化氛围，通过培训、宣讲、认证、竞赛等多种形式，提高全员对技术标准化工作的理解和参与度，让技术标准化真正融入实际工作中；同时，为了促进技术标准化工作的开展，设立一系列的激励奖惩制度，提升全员对技术标准化工作的认可度和支持度，助力企业技术标准化的推进和发展。

金融科技系统交付能力是需求、设计、开发、测试、投产和运维等系统建设周期各阶段工作的综合表现，技术标准"无处不在"，技术标准在企业内的落地执行对系统建设周期各阶段的助推作用十分关键，对提升金融科技系统交付能力有着重大影响。如何将技术标准同系统建设周期相结合，提升金融科技系统交付能力，是本文的重点研究内容。

本文结合中信建投证券在企业技术标准化工作方面的实践，以国际标准、区域标准、国家标准、行业标准、地方标准和团体标准等外部标准的要求为前提，建立企业技术标准化体系，通过设计外部标准在企业内的引入和转换方法论，构建企业技术标准化体系的工作机制，施行虚拟专家团队的技术专家制度，实现企业内技术标准的闭环管理，搭建运转企业技术标准化工具平台等，助力金融科技系统交付能力提升。

本文针对企业技术标准化体系在证券行业内推广的可行性进行了分析，包括外部标准在企业内的转换、企业技术标准化的组织结构、技术标准文档的规范化、全员标准化的文化氛围等多个方面。

本文分析了企业技术标准化体系的构建对中信建投证券金融科技系统交付能力提升起到的积极推动作用，以及取得的成果。通过企业内技术标准的落地，使系统架构更加标准、更加规范，缩短了系统交付的周期，提高了系统建设的质量。中信建投证券积极参与行业技术标准化的相关工作，入围金融领域企业标准"领跑者"名单。通过了ISO国际标准认证体系，在助力业务发展的同时，促进企业的技术标准化水平更上一个台阶。技术标准化工具平台建设方面，实现了多个企业内技术标准执行情况的自动化检查，形成了一项国家发明创造专利，作为技术输出。

  本文提出了适合于证券行业的企业技术标准化体系，并以中信建投证券在企业技术标准化建设方面的实践与成果为例，为证券行业技术标准化工作更为健康、快速、高质量地发展，推进实现证券期货业科技发展"十四五"规划中关于提高科技标准化水平的要求，提供一些思路和借鉴。

基于隐私保护计算的证券公司
数据安全共享与实践研究

中信证券股份有限公司　上海富数科技有限公司[*]

证券行业是典型的数据驱动型行业,每天有大量的对外数据安全流通和交互的需求。随着行业对于数据共享的需求不断增长,诸多挑战也随之而来:一方面,数据共享伴随着内外部数据安全风险,数据篡改、数据滥用、隐私泄露等数据安全事件层出不穷;另一方面,《网络安全法》《数据安全法》《个人信息保护法》等相关法律的相继实施彰显了国家对数据安全的重视。为保障数据安全,很多证券公司通常采取限制或禁止数据流通这种"一刀切"的方式,尽管此种方式能避免数据泄露,但也带来了数据孤岛效应:大量数据没有合适的途径相互关联聚合,无法被充分应用。如何既能保护隐私数据,又能聚合数据应用,成为很多证券公司亟待解决的问题。在此背景之下,本课题组根据中信证券多年来实际业务过程中数据安全共享的需求和痛点,从合规、技术和应用场景三个方面,探索基于隐私计算技术的解决方案并落地实践,较好地解决了中信证券在公司管理、风险控制和业务拓展三大方向的数据安全共享与应用的问题。

在研究现状调研方面,本文从境内外法律法规、标准、专利、学术论文与落地应用五个方面对隐私计算技术进行了全方位的深入分析,论证了

---

[*] 课题负责人:方兴,中信证券信息技术中心行政负责人。课题组成员:岳丰、杨海成、温晓聪、刘殿兴、徐峻峰、郑植、罗安扬、孙晓婧、陈丰、罗翔、谢希、吴中彪、师建兴、王欢、张卓然、卞阳、杭海巡、方竞、马立峰。

基于隐私计算开展数据共享应用的合规性、创新性与落地成果。就合规性而言，隐私计算技术应用过程中产生的中间数据具有随机性和不可还原性，充分满足境内外现有数据安全及数据共享相关法律法规对数据使用的要求。从标准、专利、学术论文成果数量来看，截至 2022 年，已发布与立项的隐私计算国际、国内标准不下 30 项；全球隐私计算技术发明专利申请量排名前 10 位的企业总申请的专利量达到了 3258 件；2016—2021 年全球发表的隐私计算相关论文中，仅联邦学习一项数量就达到了 4576 篇。从覆盖范围来看，从事隐私计算研究的机构包括科研院校、上市公司、科技企业以及初创公司，相关成果覆盖了绝大部分存在数据共享需求的行业。从研究内容来看，隐私计算的学术成果除了算法原理迭代外，产、学、研的深度融合也产出了大量落地成果，包括数十个隐私计算开源、自研框架，以及在金融、通信、政务、医疗等行业大量的业务应用，充分说明了隐私计算是数据安全共享领域炙手可热的前沿技术，具有成熟的技术条件与应用基础。

在技术论证方面，本文对隐私保护计算领域的多方安全计算、同态加密、差分隐私、联邦学习以及可信执行环境等关键技术的算法理论基础、技术逻辑进行了论证，充分对比了不同技术的性能差异、关键特性、应用难点及现有对策。针对现有联邦学习无法保护交集数据的痛点，详细介绍了全匿踪联邦学习方案的工作机制，以及该方案的可行性、优越性，为具体的业务场景应用方案设计提供技术基础。

在应用落地实践方面，本文基于中信证券隐私计算平台，探索了在公司管理、风险控制和业务拓展三大方向下多个业务场景的隐私计算技术应用。对于公司管理方向，在业内率先提出了"所有子公司通过隐私信息检索获取数据治理规则完成多方联合数据治理后，母公司通过多方安全计算汇总数据结果完成集团并表报送"的方案，以有效解决集团并表场景下子公司需要暴露全量明文数据至母公司进行数据汇总计算的流程合规性问题；另外，针对全公司同一客户的会议冲突问题，通过多方安全计算技术，在集团内部对客户的日程进行联合统计，避免对同一客户的重复服务，助力推进集团内部的国际化、一体化运营。对于风险控制方向，探索了合格投资者判断、穿透式风控、黑名单共享等场景的数据安全共享方式。通过建立匿踪联盟实现多方数据互通，快速响应联盟成员的合格投资者判断查询请求，在联盟范围内提升了适当性管理的准确性和效率；联合金融同业机构、司法机构等，以反洗钱风险控制为抓手，探索通过联邦学习技术进行联合反洗钱的穿透式风控应用；结合区块链与匿踪联盟技术，通过联合旗下子公司及第三方数据源建立黑名单共享匿踪联盟，实现密态下的黑名单数据安全共享，提升各参与方规避信用风险的能力。在业务拓展方向，探索与互联网公司和金融公司在强监管条件下，通过联邦学习技术展开联合营销和业务协同，满足"数据可用不可见"的安全共享需求，实现营销过程的降本增效。

综上所述，本文具有较强的技术创新性和业务原创性，通过理论结合实际，针对数据共享的业务需求进行深度探索和落地，具有较好的业务价值和社会价值，为基于隐私保护计算的证券行业数据共享应用提供一定的理论支持和实践论证。同时，隐私计算技术具备能促进数据要素安全合规地共享和流通，符合国家层面针对数字化经济转型关于数据是生产要素和全国统一大市场的顶层设计，符合金融科技发展规划的指导思想。正因为如此，本文对证券行业隐私计算技术应用提出合理性建议，期望为未来证券期货行业数据安全共享发展提供思路。

一是建立统一的数据安全共享标准和监管机制。严格统一的数据安全共享标准和规范性监管机制是行业数据安全共享稳定运行的坚实基础之一。这些标准和规范应当具有普适性，适用于证券交易所、证券公司、基金公司等所有相关机构。同时，监管机构应当对证券行业数据共享的实施过程进行全程监管和调查，对在共享过程中出现的问题进行及时处罚和调整，确保数据安全和监管的有效性。

二是强化数据共享的风险评估。全面把控数据共享风险，定期开展数据共享风险评估工作，建立更加严格的数据安全共享体系。对数据存储、开放共享、外部接口、应用系统等方面的风险进行管控，及时发现和应对风险事件。加强对操作人员的数据安全意识和安全知识培训，提高相关人员的数据安全素养。

三是建设证券期货行业数据安全共享平台。以构建数据安全共享生态为目标，建设行业数据安全共享平台，促进证券行业内数据安全有序流通，充分发挥数据价值。建设完善的数据接口、数据识别标准和规范，为数据共享提供可靠的技术支持。重视合格准入规则与参与方操作留痕并定期开展安全审计工作，加强对行业数据安全共享的合规监管。

证券行业数字人民币应用实践研究

中信证券股份有限公司*

党的十八大以来，国家高度重视发展数字经济，要求积极推动产业数字化。党的二十大报告强调要加快发展数字经济，促进数字经济和实体经济深度融合，打造具有国际竞争力的数字产业集群。作为数字经济发展的基石，数字人民币必然会随着我国数字经济的发展而普及推广，并产生更为广泛深刻的影响。

本文在证券公司现有结算体系上进行探索尝试，针对证券行业的经纪、自营、资管三大传统业务场景及基础设施结算业务场景，通过开立数字钱包，为全市场新建数字人民币支付渠道，满足客户多维度的数字人民币支付结算需求，服务实体经济，进一步提高基础设施的结算风险控制能力，提升证券行业国际竞争力，践行证券行业"十四五"发展规划。

从研究背景和意义来看，证券行业作为资本市场不可或缺的重要组成部分，应以防控金融风险、深化金融改革为导向，积极落实金融监管的各项管理措施，坚持为防范化解证券市场风险、提升行业国际化竞争力，为资本市场改革和发展、服务实体经济做出应有的贡献。本文研究背景正值数字人民币进一步推广以及相关技术、政策逐步完善落地的大好时机，以满足业务需求、推广数字人民币为出发点，借助数字人民币在证券行业的应用拓展，有利于贯彻以客户为中心的经营理念，提升客户服务质量和服

---

* 课题负责人：杨琳，中信证券清算部行政负责人。课题组成员：古燕、韩赛赛、陈思、杨文逸。

务体验，预期对证券行业发展具有深远影响。

从本文研究的适用业务范围来看，涵盖数字人民币在证券公司自营、经纪、资产管理三大传统业务及基础设施结算业务的应用，可覆盖资本中介服务、客户交易管理、投资理财、财富配置等全方位的业务需求，为全市场设计新增了结算备用通道，从实际业务需求出发，探索金融创新的方法与路径，研究数字人民币在证券行业应用的可行性。

本文从数字人民币的特点、对于证券行业的发展意义、搭建数字人民币结算体系、结算风险防控等方面层层展开研究，通过合理创新，探寻高效的数字人民币证券行业应用实践之路。研究的创新成果要点体现在如下方面：

一是支付路径创新。区别于现有银行的大、小额等支付体系，新增证券行业的数字人民币支付结算路径，实现支付和结算的同步完成，大幅降低结算风险，保障客户资金安全。同时，为全市场新增结算备用通道，降低证券行业对银行支付结算系统的依赖性，进一步提高登记结算机构作为中央对手方（CCP）的结算风险控制能力，提升证券行业国际化竞争力，增强金融体系稳定性。

二是应用场景创新。结合证券行业现状和数字人民币特性，创新性设计适用于证券行业自营、经纪、资管三大类业务的应用场景及基础设施应用场景，多维度填补证券行业实践空白，以业务发展为导向，通过拓展支付通道、降低结算成本，进一步提高客户服务能力和质量。

三是账户体系创新。在现有传统银行账户支付体系基础上，构建全场景数字人民币结算账户，适配证券行业各类交易需求，新增开立经纪、自营、资管、基础设施四类数字人民币结算账户，并实现与传统银行账户的互联互通，满足账户绑定、下设二级理财钱包、资金互转以及资金归集等多维度业务需求，增强客户操作便利性。

四是技术系统创新。利用数字人民币技术系统的特性，将数字人民币用于证券公司与对手方或客户的结算业务中，创新性搭建数字人民币的支付结算系统，可以满足支付和交易中的资金流转安全、可控、可追溯等要求，确保支付和交易订单的时效性和不可抵赖性，在满足现有监管体系要求的基础上加强反洗钱管控，方便客户使用数字人民币进行支付和交易，并提升交易结算效率。

本文立足于数字人民币的特定属性，在不改变证券行业基础结算框架和规则的前提下，力图解决行业结算运营和监管的瓶颈问题。数字人民币应用的意义具体表现如下：

一是利于加强证券行业市场监管，提高反洗钱管控。当前反洗钱要求高，客户身份识别、大额交易、可疑交易等环节反洗钱管控对证券行业挑战较大。数字人民币拥有透明、可追溯、不可伪造等特点，其数字化天然属性，打破支付壁垒，支持加载智能合约技术，能够有效加强资本市场的监管力度和透明度。监管机构能够对数字人民币交易进行全流程追踪，实现对资金安全性的把控；并能对证券公司自营、经纪、资管等各项业务的交易、结算、运营等环节进行全流程监管，监督支付和交易的时效性和不可伪造性，在满足现有监管体系要求的基础上加大反洗钱管控力度。

二是增加支付结算通道，降低对银行结算系统的依赖性。证券行业的各项交易结算及基础设施交收业务依赖传统银行账户资金运转，成本和费用高昂，业务创新和拓展受制于银行结算系统服务时间、运营地域、结算时效等的限制。通过数字人民币进行结算交收可以增加支付结算通道，降低对银行结算系统的依赖性，为行业的创新发展奠定重要基础。

三是提高资金结算效率，降低操作风险。目前证券公司传统业务一般采用 T+1 或 T+N+1 的结算方式，涉及资金识别、资金归集、资金调拨、资金交收、资金对账等多个操作步骤，业务链条较长、结算效率相对较低，且人工操作步骤较多。数字人民币点对点实时支付即结算的功能属性，能有效提高证券行业的支付结算效率。采用数字人民币钱包功能，通过智能合约技术加载，实现资金在数字人民币钱包间点对点封闭流转，最大限度优化操作步骤、降低人工操作量，有效提升资金结算效率。

四是提高客户资金安全性，增强监管便利性。当前证券公司在结算交收运营环节，涉及资金调拨运转时，均须人工干预，不仅有出错的可能性，如果制度执行不到位，可能会出现道德风险。数字人民币智能合约的加载，使相关环节通过内嵌处理，闭环运作，设定支付规则并进行智能判定，在满足监管要求的前提下，实现资金流按照合约规定在数字钱包体系中定向流转，从根本上解决目前人工干预存在的操作风险和道德风险，使资金划拨的安全性更有保障。

数字人民币作为以国家信用为支撑的法定货币，具备一般电子支付工具所不具备的特点和优势，未来发展前景广阔，将形成我国数字支付的新格局。为推动数字人民币持续健康发展，自2019年起，中国人民银行先后选择17个省（市）的26个地区开展数字人民币试点，数字人民币应用场景不断丰富，交易金额、存量不断增加，截至2022年底，流通中数字人民币存量达到136.1亿元。伴随着数字人民币更多应用场景的落地以及最终全面推广，我国数字人民币支付体系将在运行平稳、业务量稳步增长的基础上迎来新的发展机遇。作为金融市场的重要组成部分，证券行业对数字人民币的应用目前仍处于探索和起步阶段，我们通过研究深刻认识到，拓展结算支付通道将为行业健康可持续发展提供重要助力。

证券公司企业文化建设国际比较研究

华创证券有限责任公司*

我国证券行业伴随资本市场的诞生而起步,相较国际成熟市场机构,目前正处于完善基础设施、健全基本制度、增强服务能力、优化市场结构、塑造行业形象、促进实体经济高质量发展的新时期。当前全行业高度重视并不断推进文化建设,我们清楚地认识到:行业文化是价值观、风险观、发展观的综合体现,必须坚持正确的发展方向,持续积淀和涵养行业生态。证券公司是证券行业的重要主体,证券公司企业文化是行业文化的重要构成。因此,做好证券公司企业文化建设,对我国资本市场高质量发展至关重要。

党的二十大报告指出,全面建设社会主义现代化国家,必须坚持中国特色社会主义文化发展道路,增强文化自信。从文化的生成性视角看,国际比较自信是构成文化自信的重要组成部分。目前,我国证券公司文化建设理念基础是否牢固、方向是否正确、方法是否科学、举措是否合理、是否有待改进完善、哪些国外经验做法可以借鉴,是本文尝试通过证券公司企业文化建设国际比较分析讨论的重点问题。

由此,本文对证券公司企业文化学科理论进行了梳理,对国内证券公司企业文化建设情况以及与国外证券公司企业文化进行了对比分析,旨在通过对比各国证券公司企业文化建设情况,并重点对比分析了 69 个不同国

---

* 课题负责人:邓庆强,华创证券董事会办公室主任。课题组成员:刘梁清、阎娜、朱丹钰、张馨文、张惠嘉。

家和地区的 87 家证券公司企业文化建设现状，研究其共同特征和差异，客观总结国内券商文化建设的长处与短板。作为现阶段应然之举，通过证券公司企业文化建设国际比较，一方面，让我们更加坚定行业文化自信；另一方面，可帮助我们找到行业文化建设与国际同行存在的差异，探索新的发力方向。本文首先从宏观层面，对国内外证券行业的企业文化建设特征进行归纳；然后从微观层面，对不同国家和地区证券公司的企业文化建设特征进行剖析，对影响证券公司企业文化建设的因素进行分析；最后从中总结出完善中国特色证券公司企业文化体系的有关设想并提出相关政策建议。

在研究过程中，本文通过建立多元线性回归模型，尝试分析证券公司开展文化建设工作的具体情况与实践评估结果的相关关系，以探究证券公司文化建设相关工作及投入对文化建设评估结果的有效贡献程度；运用一元线性回归模型，研究了 2020 年以及 2021 年证券公司企业文化和经营业绩的相关性。

通过归纳总结，本文认为：我国证券公司企业文化建设具有思想统一、认识深刻、监管引导、主旨鲜明、任务明确等鲜明特征。文化建设评价指标具有关键的指导意义，有效引导证券公司端正企业文化建设的工作态度，紧密围绕党建引领、员工关怀、声誉管理、社会责任以及"合规、诚信、专业、稳健"的行业文化推进相关工作。研究结果表明，建设良好的文化对我国证券公司企业经营业绩具有显著正向促进作用。国外证券公司企业文化的基本特征包括：采取有力措施化解利益冲突、充分发挥中层管理者作用、依托强大企业文化推动服务创新、恰当管理从业人员积极性等。总体而言，国外证券公司文化建设举措具备较强的应变能力，保持客户满意度、企业形象、诚信和道德、社会责任和企业公民、尊重和信任、质量和卓越以及组织内的团队合作的核心社会价值，正向促进与客户的关系，进而创造持续的价值。

经过对比分析，我们发现：在共性方面，我国证券行业着力打造的"合规、诚信、专业、稳健"的核心价值观，与世界其他国家和地区的证券行业文化核心理念基本相同。国内外证券公司对企业文化建设的关注重点、观念构想等方面的理解认识较相似，均相当重视自身文化建设在促进企业经营、合规管理、规范发展方面的积极作用，文化的宣传展示形式基本都以文字列举为主。在差异性方面，我国证券公司具有较强的政治思想指导和较好的行业文化的顶层设计，充分反映了我国经济社会制度与国家治理机制的独有特征，也启示我们应进一步加强党建引领，坚持强化监管，自律引导，坚定统筹规划，把新发展理念认真全面学习贯彻好、落实透。

基于证券公司企业文化建设国际比较分析，本文认为其具有五方面的重要启示意义：一是坚持新时代中国特色社会主义思想是我国证券公司推动企业文化建设的必然要求；二是加强行业文化建设的监管引领对我国证券公司企业文化建设意义重大；三是增强证券公司企业文化建设的自主性，鼓励文化发展的多样性，有利于进一步激发我国证券公司的内驱活力；四是以人为本，激发员工活力，有利于我国证券公司增强文化感召力；五是加强绿色金融服务、厚植ESG（环境、社会、公司治理）投资理念，是我国证券公司融入新发展理念的切实之举。

在归纳总结证券公司国际比较基础上，本文提出了完善中国特色证券公司企业文化体系的基本设想。即在理论上，深度融入新时代中国特色社会主义思想；在引导上，加强统筹规划与鼓励百花齐放相结合；在实践上，以服务企业自身健康发展为核心指南。以辩证唯物主义思想为指导，以社会主义核心价值观为引领，推进我国证券公司企业文化建设。行业监管部门应在监管导向上，通过监管指标设计、分类评级等工具，引导证券公司建立符合自身发展特点的企业文化，使各区域证券公司因地制宜地推进自身企业文化建设工作，建立能够充分激发员工活力、调动工作积极性和能动性的体制机制，增强企业文化的感召力，使证券公司在推进自身文化建设的过程中，既能满足行业文化建设标准，又能关注人与自然的和谐共生，促进ESG与低碳绿色金融服务，不断增强企业持续健康规范发展的能力，增强企业优秀人才的吸引力，促进企业与员工共担社会责任，共享发展成果，共同促进行业文化的发展。为进一步引导证券公司重视文化建设，在促进行业健康发展的同时，勇担使命责任，为新时代的产业转型、实体经济发展以及乡村振兴服务做好直接金融支持；监管机构、自律组织以及证券公司应进一步厘清行业文化的具体方向和目标，坚定理想信念，坚定文化自信，在不断深化资本市场改革开放实践中，使证券公司从自身生产经营出发，制订行之有效的企业文化建设方案，形成多样化、多元化的行业文化合力，为中国式现代化建设作出新的更大的贡献。

综合以上思考，本文提出了以下政策建议：一是全行业深入学习运用马克思主义思想、新时代中国特色社会主义思想观点，坚持以辩证唯物主义思想为指导，以社会主义核心价值观为引领，不断丰富企业文化内涵；二是优化券商分类评级体系，进一步支持证券公司特色化、差异化发展；三是结合国家"碳达峰碳中和"目标，有序推进绿色金融服务体系建设，将贯彻新发展理念落到实处。

"三正"统领夯实文化基础 以文化人提升品牌建设
——基于南京证券企业文化建设调查的数据分析与对策研究

南京证券股份有限公司[*]

30多年来,中国资本市场在改革中前进,在开放中成长,从无到有、从小到大,实现了历史性突破和跨越式发展。历史和实践都充分证明,从经济大国到经济强国的跃升,离不开强大的资本市场,而对于中国来说,要建设一个高度发达、高质量的资本市场,必须立足于中国国情、以中国特色行业文化为支撑和保障。证券行业文化是证券市场主体一切行为和活动的反映,又对证券市场主体的行为和活动产生巨大影响和反作用,建设良好的证券行业文化对引领和促进行业健康高质量发展至关重要。中国资本市场快速的发展态势和中国证券行业曲折的发展历程,呼唤证券公司能够构建既贴近行业实际又与时俱进的企业文化,从根本上构建良好的行业文化生态。证券公司企业文化具有一般企业文化的共性功能,即导向、凝聚、激励、规范和辐射功能,但又因证券行业的特殊性,这些功能发挥着特殊的作用。在进行证券企业文化建设的过程中要紧紧围绕行业特色,从夯实物质文化、加强行为文化、健全制度文化以及培育精神文化等方面入手。

---

[*] 课题负责人:李剑锋,南京证券党委书记、董事长。课题组成员:王浩然、葛亚、饶庆。

作为与新中国资本市场"同龄"的国有金融企业，南京证券紧跟市场和行业的发展，坚守金融报国的初心使命，经过公司历届领导班子和全体干部员工的接续奋斗，逐步构建了健全完善的规章制度体系，打造了"正统、正规、正道"的"三正"企业文化，契合全面从严治党的要求，顺应证券行业从严监管趋势，紧跟经济社会发展步伐，在推进文化落地的具体实践中不断发挥着文化强企的时代价值。为进一步推进公司企业文化建设，南京证券通过在全公司开展文化建设问卷调查，广泛了解公司员工对"合规、诚信、专业、稳健"证券行业文化理念和公司"正统、正规、正道"企业文化的认知、认同和建议，认真学习了当前行业文化建设理论研究和实践探索，详细分析了公司企业文化建设历史、体系、现状和存在的问题，并提出了公司未来企业文化建设的举措建议，以期通过公司企业文化建设的具体实践分析和理论思考，为证券行业加强文化建设提供有益参考。

通过对调查数据的整理和分析，总结了公司文化建设取得的成效，主要表现在文化理念有效融入公司治理、文化建设积极贯彻新发展理念、文化建设较好体现人文关怀、文化建设切实突出责任担当等方面。这主要得益于多年来公司始终坚持党的领导、加强党的建设，坚持以习近平新时代中国特色社会主义思想为引领，深入践行社会主义核心价值观，认真贯彻证券行业"合规、诚信、专业、稳健"文化理念，紧紧围绕打造"正统、正规、正道"的企业文化，全面推进文化建设各项工作。在看到成绩的同时，也发现公司文化建设中存在的一些不足，比如少数员工对企业文化的认识和理解有待进一步提高、少数员工对企业文化的认同有待进一步加强、文化建设与业务发展有待进一步深度融合、少数员工对激励体系的不当需求有待进一步引导等。

针对上述不足之处，本文结合南京证券实际有针对性地提出了关于提升公司文化建设的具体举措：从挖掘和大力宣传企业文化亮点、加强对内对外宣传、积极鼓励员工建言献策入手，加强文化宣导，进一步扩大覆盖面；从提升员工获得感和归属感入手，进一步了解不同年龄、职位层次员工的真实想法和需求，有层次有区分地开展企业文化建设；从加强氛围营造出发，开展一系列有声有色、有力有效的活动，打造企业文化氛围浓厚的办公环境，不断教育引导、感染影响员工；从进一步完善激励约束机制入手，充分发挥企业文化的激励感召作用，探索中长期激励方案，健全完善公司与员工的利益共享机制，推动公司长期稳定发展。

在新中国资本市场发展浪潮中，一大批证券公司顺势发展，以各自企业文化为底色，绘就出精彩纷呈丰富多样的行业风貌，南京证券也以"正统、正规、正道"的"三正"企业文化为行业贡献了独具特色的"宁证样本"。文化建设是一项需要持续推动的长期工程，南京证券在企业文化建设方面的一些经验做法和问题不足，对于推进行业文化建设具有一定的借鉴意义。加强证券行业文化建设，让企业文化真正成为公司的"软实力"，可以从以下几个方面加强改进：一是以员工为中心，优化企业文化氛围，提升员工对公司的归属感和忠诚度；二是以创新促发展，培育企业文化特色，立足行业特征、发展历程和自身发展策略创造出具有自身特色、富有个性的企业文化；三是以机制为保障，落实企业文化建设，建立健全企业文化工作机制，促进企业文化工作深入、持久、富有成效地开展；四是以平台为依托，丰富企业文化载体，开辟员工乐于接受的承载企业文化理念的媒介和渠道，搭建便于员工参加和互动的企业文化平台，调动广大员工的主动性、积极性和创造性；五是以文化塑形象，打造企业特色品牌，深化责任担当，坚持促进经营发展和履行社会责任相统一，打造金融服务经济社会发展的靓丽名片，同时加大品牌宣传力度，彰显企业文化建设的生机与活力。

在竞争激烈的市场经济条件下，文化作为证券公司健康可持续发展的关键驱动要素，正在发挥着润物无声的作用。证券公司应携手前行，强化文化认同，激发组织活力，紧紧围绕服务实体经济、防控金融风险、深化金融改革等重要任务，在监管机构的指导帮助下，积极构建有中国特色的证券行业文化，努力塑造具有鲜明时代特色的行业形象和行业精神，为证券行业高质量发展提供更深沉、更持久的价值引领和文化支撑，为全面建设社会主义现代化国家、全面推进中华民族伟大复兴贡献力量。

党建引领证券公司高质量发展研究

兴业证券股份有限公司[*]

党的二十大报告强调要加强党的领导，确保党发挥总揽全局、协调各方的领导核心作用。习近平总书记在全国国有企业党的建设工作会议上的讲话指出，要通过加强和完善党对国有企业的领导、加强和改进国有企业党的建设，使国有企业成为党和国家最可信赖的依靠力量。中国证监会主席易会满在中国证券业协会第七次会员大会上指出，"十四五"是证券行业迈向高质量发展的重要机遇期，并就证券行业高质量发展提出"六个必须"的重要要求。当前，我国已进入全面建设社会主义现代化国家、向第二个百年奋斗目标进军的新发展阶段，坚持党的领导、加强党的建设，在引领新发展阶段证券公司高质量发展过程中扮演着重要角色。

基于此，本文重点探究当前资本市场迎来历史性发展机遇，证券公司在贯彻新发展理念、服务新发展格局的大背景下，如何以党建引领高质量发展，使证券行业高质量发展不断迈上新台阶。首先，对党建引领企业高质量发展的理论基础进行文献梳理，并清晰地界定证券公司高质量发展的内涵与特征。其次，对党建引领证券公司高质量发展的现状及问题进行深入剖析。再次，基于证券公司高质量发展框架，从党建引领公司治理现代化、党建引领业务发展提质增效、党建引领内控堡垒夯实筑牢、党建引领人才队伍建设、党建引领企业文化建设、党建引领勇担社会责任等角度阐

---

[*] 课题负责人：杨华辉，兴业证券党委书记、董事长。课题组成员：孙国雄、陈德强、唐序、梁谦、王宇超、康嘉、王燕燕、许登、徐国军。

释党建引领证券公司高质量发展的实现路径。同时，介绍了兴业证券在党建引领高质量发展方面的具体做法及取得的成效。最后，提出相关监管政策建议。

本文的主要贡献包括以下几个方面：

第一，深刻揭示了党建引领对于证券公司高质量发展的重要意义。坚持政治引领，为证券公司高质量发展奠定根本的政治前提；坚持思想夯基，为证券公司高质量发展提供先进的理论支撑；坚持组织赋能，为证券公司高质量发展提供强大的组织动能；坚持作风塑形，为证券公司高质量发展凝聚广泛的精神合力；坚持纪律护航，为证券公司高质量发展营造稳健的运行环境；坚持制度保障，为证券公司高质量发展打造科学的治理体系。

第二，在明晰党建引领企业高质量发展理论支撑的基础上，对证券公司高质量发展的内涵进行了清晰界定，并从三个维度系统梳理了证券公司高质量发展的十大特征。习近平总书记系列讲话，深刻回答了国有企业要不要加强党的建设、怎样加强党的建设等一系列重大理论问题，用党建理论特别是马克思主义政治经济学和习近平新时代中国特色社会主义思想来指导和引领企业高质量发展。将证券公司高质量发展定义为以服务实体经济发展和居民财富管理为定位，积极发挥资本市场核心中介功能，追求高水平、高层次、高效率的经济价值和社会价值创造，以及塑造卓越的企业持续成长和持续价值创造素质能力的目标状态或发展范式。从证券公司企业发展系统、价值实现层次以及价值对象三个维度出发，将证券公司高质量发展的特征概括为十个方面，包括良好的公司治理、强大的服务实体经济能力、强大的居民财富管理能力、强大的创新发展能力、强大的合规风控能力、强大的金融科技能力、较强的国际竞争力、优秀的人才队伍、优秀的企业文化、积极履行社会责任。

第三，基于对行业党建引领证券公司高质量发展的调查与研究，从思想认识、行为实践、成效成果三个方面系统梳理了现状，并深刻剖析了当前行业党建引领证券公司高质量发展存在的问题。行业经过近年来持续加强党建工作力度，在思想认识层面，坚持党建引领高质量发展已成为行业共识；在行为实践层面，证券公司整体党建工作质量水平不断提升；在成效结果层面，证券公司坚持党建引领高质量发展成效显著。同时辩证来看，行业党建引领证券公司高质量发展仍存在党建引领高质量发展的作用发挥不够充分、党建工作发展有待平衡、党建工作应对和适应新时代新挑战的能力还需要不断提升等问题。

第四，结合证券公司高质量发展特征，从六个方面系统剖析了党建引领证券公司高质量发展的实现路径：一是党建引领证券公司治理现代化，通过强化党建与公司治理有机融合，全面推进公司治理现代化；二是党建引领业务发展提质增效，通过党建与业务发展有机融合，持续提升业务竞争力；三是党建引领内控堡垒夯实筑牢，通过强化党建与合规风控有机融合，夯实内控管理基础；四是党建引领人才队伍建设，通过党建与人才队伍建设有机融合，做好人才队伍"选育用留"；五是党建引领企业文化建设，通过党建与文化建设有机融合，推动企业文化建设迈深迈实；六是党建引领勇担社会责任，通过强化党建与社会责任有机融合，推动企业积极履行社会责任。

第五，深入解析了兴业证券党建引领高质量发展的实践做法，为行业提供了一份党建引领高质量发展的参照范本。兴业证券强化治理机制融合，化党建势能为发展动能；强化管培选育，化政治营养为专业素养；强化中心工作融合，化组织优势为协同胜势；强化文化建设融合，化思想伟力为奋进合力；强化作风建设融合，化使命宗旨为社会责任；强化监督内控融合，化廉政铁律为廉洁自律。

第六，为更好地推动党建引领证券公司高质量发展，向行业监管部门提出相关政策建议：充分发挥行业自律组织的桥梁纽带作用，积极鼓励并持续引导证券公司加强党的建设。加快制定并颁布证券行业高质量发展行动纲领，为行业高质量发展提供借鉴范本。支持证券公司在依法合规前提下做大做强，提升证券公司核心竞争力与国际化水平。进一步完善资本市场发展的生态环境，为证券公司高质量发展提供肥沃土壤。

证券公司企业文化建设国际比较研究
——如何建设具有中国特色的证券公司企业文化

中国国际金融股份有限公司[*]

我国证券公司的企业文化，既遵循证券行业和资本市场的一般规律，同时也具有中国特色。对于每家证券公司的企业文化，既要遵循一般规律、具有中国特色，又要体现多维度的类别特征，还要结合自身特点和实际情况，建立起独具特色的企业文化。

第一，证券公司企业文化要遵循证券行业及资本市场的一般规律。从各国证券公司文化建设情况来看，整体呈现出以下共同特征：一是遵守法律法规、监管规范和自律规则。金融市场是规则导向的市场，证券行业是受到强监管的行业。合规是底线，这既是国家和行业的要求，也是企业自身专业素质的体现。证券公司必须要把合规作为执业准绳，保持对规则的敬畏之心。二是倡导诚实守信。"诚招天下客，誉从信中来"，证券公司做"受人之托、代人理财"的生意，自然要靠诚实可信的口碑赢得好声誉，客户才敢放心地把资金交予机构打理。然而，资本市场存在的信息不对称等问题对证券公司建设诚信文化提出了更高的要求。内外兼修，是国内外证券市场擦亮诚信招牌的共同做法。三是崇尚专业精神。证券是智力密集型的行业，要想在激烈的市场竞争中长盛不衰，就必须不断提升专业水

---

[*] 课题负责人：查向阳；课题组成员：曾军、夏潇，均供职于中国国际金融股份有限公司。

准。专业有三层含义：首先是专业技术和水平高，提升业务核心能力，提供更优质的金融服务。其次是对客户的服务态度要专业，需得到客户的认可和信任，同时敢于对客户分析真问题，说真心话。最后是要有社会责任感和担当，证券公司的客户不仅是投资人，还有社会和国家。做业务除了考虑盈利，更要为实体经济服务。四是严格防范风险。证券是促进资本形成的行业，而资本带有双重属性，一方面推动生产力发展、科技进步和社会财富的创造，另一方面具有逐利性，暗藏风险。

第二，建设具有中国特色的证券公司企业文化。党的二十大报告指出："马克思主义是我们立党立国、兴党兴国的根本指导思想。"习近平新时代中国特色社会主义思想实现了马克思主义中国化时代化新的飞跃。证券公司牢牢把握习近平新时代中国特色社会主义思想的世界观和方法论，把习近平新时代中国特色社会主义思想的立场观点方法贯彻落实到企业文化建设的过程当中：一是以马克思主义为指导、以党建为引领。我国证券公司坚持以马克思主义为指导，坚持中国特色社会主义文化发展道路，发展具有价值引导力、思想凝聚力和精神推动力的企业文化。坚持党建为引领是国有证券公司开展企业文化建设的基础和底色。二是从中华优秀传统文化中吸收养分，不断丰富企业文化内涵。中华优秀传统文化蕴含丰富内涵，具有一般性的指导意义，并对从业人员修身养性、提高道德水准具有明确的指导意义。中华优秀传统文化源远流长、博大精深。要充分挖掘和运用中华优秀传统文化精华，并同人民群众日用而不觉的共同价值观念融通起来，推动共同价值观念更加系统化、现代化。证券公司应及时运用并将中华优秀传统文化精华丰富发展到企业文化之中。三是结合中国特色现代资本市场的特点，体现中国式现代化的时代特征。在开展具有中国特色的证券公司企业文化建设过程中，必须要坚持以人民为中心的发展思想，体现推动高质量发展、服务实体经济、克服资本负面性、平衡各方利益、推动实现共同富裕、秉承人与自然和谐共生的理念等中国式现代化的时代特征。

第三，证券公司企业文化具有多维度的类别特征。一是受到自身业务类型的影响所形成的类别特征。机构投行与零售投行面向不同的客户群体，因而表现出文化差异。机构投行的客户主要是大型金融机构或企业，零售投行则面向个人客户。机构投行关注对客户的长期服务，风格低调，精益求精，重视团队合作；零售投行则更关注个人，实践中更鼓励竞争。精品投行与综合投行的文化则受展业范围影响有所区别。精品投行更容易控制宏观风险，灵活性更高；综合投行规模大，业务线多，二级市场等价值链长的业务占比高，资本金业务带来的风险大，对管理稳定性、组织严密性、制度流程规范性都有着更高的要求。二是不同的法律土壤也会孕育出不同的证券公司企业文化。秉承罗马法传统的大陆法系，法律规则系统明确，应用上却相对僵化，法律制定可能相对滞后。对证券公司来说，大陆法系相对保守，对风险的容忍度更低。习惯用归纳进行法律适用的英美法系在实践中则更加灵活。三是证券公司的公司形态也对文化有所影响。合伙制、上市投行和商业银行附属投行呈现出不同的特征。美国早年的证券公司以合伙制为主，因合伙人承担无限连带责任，合作伙伴之间必须互相信任、团结协作。上市投行是股份有限公司制度，股权相对分散，资本金获得来源更加广泛；同时二级市场链条长，流程也会更长。因此，上市投行通常风险偏好较高。商业银行注重稳健经营，风险控制严，不鼓励冒险，其附属投行也更为保守，在风险控制、激励机制和业务上都没有独立投行灵活。四是证券公司的创立历史和文化基因，潜移默化地影响其文化。爱尔兰人创立的美林证券早期主要从事零售业务，这与民族的社会地位相关。团结协作、顽强奋斗的犹太文化则融进了高盛的基因，帮助它发展壮大至今。摩根士丹利代表着主流欧洲移民的特点，形成了精英文化，以薪酬作为激励，通过淘汰促进竞争，风格强势。今天中国证券公司对于文化建设的思考，是几千年来对商业伦理探索的延续。"诚信无欺、以义制利、和厚生财"，这些儒家古老的义利观是中国人共同认可的信念。西方文化的起源则决定着证券公司更强调利益至上、个人至上。五是证券公司的所有制属性也影响着它的文化。相对而言，国有证券公司更强调政治性、人民性和稳定性。

第四，证券公司要结合自身业务、组织特点和实际情况，建设具有自身特征的企业文化。总的来说，文化归根结底源自公司实际、又服务于企业发展的需要。我国证券公司企业文化既要遵循行业与资本市场的规律，也要具有中国特色。对于每家证券公司，要在此基础上考虑多维度的类别特征，并结合自身特点形成独有的文化。

党的二十大报告将文化建设摆在突出位置，对文化建设工作做出重要部署。报告提出"把社会主义核心价值观融入法治建设、融入社会发展、融入日常生活"，既有固化于制、加强制度建设的系统性工程，又有细化于行、融入日常生活的针对性举措。党和国家推进文化建设工作如此，一个企业亦然。证券公司开展企业文化建设，一方面要通过强化机制建设，推动"有形"落地，另一方面要关注员工行为促进"知行合一"。

站在新的历史阶段，深入贯彻党的二十大精神，坚持中国特色社会主义文化发展道路，要在全面把握上下功夫、在全面落实上下功夫。证券公司应当对照党和国家推进文化建设的系统方法和创新举措，持续丰富企业文化内涵并使之落地，以优秀的文化铸魂育人、立志塑形，着力将文化软实力转化为经营发展的硬实力，为行业与社会发展贡献自己的力量。

证券行业投资者适当性管理机制优化研究

东北证券股份有限公司　中国政法大学法与经济学研究院[*]

保护投资者的合法权益是我国《证券法》的三大立法目的之一,也是国际证监会组织(IOSCO)制定的《证券监管目标和原则》确定的证券市场监管三大目标之一。投资者适当性管理是资本市场保护投资者合法权益的一项重要制度,能够有效平衡金融市场信息不对称、买卖双方地位不平等的问题。近年来,我国证券行业投资者适当性法规体系不断完善,已经建立了相对健全的投资者适当性管理体系,但证券行业投资者适当性管理仍存在一些有待优化之处。我国证券行业尚未建立完善的投资者与产品服务的分类体系,投资者适当性管理工作仍停留在通用化的适当性管理层面,制约了投资者适当性管理工作实现公平、高效和个性化,一定程度上影响了投资者适当性管理的实施效果。本文以《证券法》和《证券期货投资者适当性管理办法》等证券行业的法律法规、规范性文件、自律规则及相关司法文件为基础,分析我国证券行业投资者适当性管理存在的问题,介绍并借鉴美国和德国投资者适当性管理的实践经验,提出了完善我国证券行业投资者适当性管理的优化建议。

第一部分是证券行业投资者适当性管理概述。首先介绍了投资者及投资者适当性管理的含义。其次介绍了投资者适当性管理中了解投资者、了解产品及服务、适当性匹配和持续管理四个方面的内容。最后介绍了投资

---

[*] 课题负责人:王爱宾,东北证券合规总监;任泽宇,中国政法大学法与经济学研究院副教授。课题组成员:赵文忠、乔雪、张晨晖、王亿乐。

者适当性管理制度的功能定位，投资者适当性管理是平衡金融市场中信息不对称情况、买卖双方交易地位不平等的有效工具。

第二部分分析了我国证券行业投资者适当性管理存在的主要问题，从八个方面进行归纳总结：一是尚未建立清晰实用的投资者适当性分类标准，存在投资者分类标准不统一、投资者分类标准不够细化、未根据投资者分类进行差异化管理的问题。二是未建立金融产品或服务分类体系，尚未根据金融产品、服务进行大类划分，并针对不同类别的产品或服务明确差异化的适当性管理要求。三是未形成个性化的适当性管理体系，我国证券行业投资者适当性管理多为准入式、通用化的适当性管理，证券经营机构的投资者适当性管理工作的针对性不足。四是证券经营机构缺少核查投资者提供信息的有效手段，现行规则体系并未明确要求投资者需要提供可供证券经营机构验证的证明材料，且鉴于证券经营机构核实能力有限，导致无法对相关信息进行核实。五是投资者适当性的持续管理有待完善，存在未规定投资者信息告知的责任边界、投资者评估数据库不健全的问题。六是立法、司法及行政监管之间存在一定的不协调，存在法律与部门规章关于"匹配"的规定不一致、司法文件与部门规章关于"高风险"的界定不一致、司法文件与部门规章关于"告知说明义务"的要求不一致的问题。七是缺少行业通用的操作规范，适当性管理规则很多规定都比较原则，可操作性不强，缺乏行业通用的操作规范。八是缺少高效的适当性纠纷行业仲裁机制，证券行业仲裁实施效果不佳，在投资者适当性纠纷方面发挥的作用有限。

第三部分介绍了境外证券行业投资者适当性管理经验。首先介绍了美国证券行业投资者适当性管理经验，包括投资者适当性制度的法律与规则适用、投资者适当性的主要义务、投资者分类管理、产品或服务的分类管理、纠纷解决方式等方面的内容。其次介绍了德国证券行业投资者适当性管理经验，包括投资者适当性制度的法律与规则适用、投资者分类管理、产品或服务的分类管理、纠纷解决方式等方面的内容。

第四部分为优化我国证券行业投资者适当性管理制度提出建议。

首先，完善我国证券投资者适当性监管规定。一是优化我国投资者的分类。建议参考德国关于投资者的分类，进一步细化投资者分类，将专业投资者划分为合格对手方和其他专业投资者，并将专业投资者中的金融机构、金融机构面向投资者发行的理财产品作为"合格对手方"，从而对这两类投资者在适当性义务豁免时做出差异化要求；同时进一步放宽对需申请的专业投资者范围的适当性要求，与普通投资者的适当性要求进一步差异化。二是增加对金融产品或服务的分类。建议我国借鉴德国的规定，在法律法规或自律规则层面对金融产品或服务进行基础分类。三是建立适当性的分类匹配机制。建议完善投资者与金融产品、服务匹配的规则，按照金融产品、服务的分类与投资者进行匹配，将不同类别的金融产品、服务针对不同类别的投资者规定差异化的适当性要求。四是建立投资者适当性承诺制度。对于证券经营机构难以核查的投资者信息，如投资者的财务状况，建议建立投资者适当性承诺制度，由投资者承诺其提供证明材料的真实性、准确性和完整性，证券经营机构可以合理信赖投资者提供的信息；除了证券经营机构能够主动获取的投资者变化的信息，投资者应及时向证券经营机构提交可能影响财产状况和风险偏好的重大变化信息，如没有提供应视为未发生重大变化。此外还对统一立法与司法适当性管理的要求、加强对投资者适当性管理的自律管理提出了相应的建议。

其次，完善证券经营机构内部适当性管理机制。一是健全投资者适当性管理内部管理制度。建议证券经营机构根据最新的法律法规、监管规定及自律性规范，及时修订完善内部投资者适当性管理规定，确保内部制度和规程符合最新监管要求；加大对监管案例及司法案例的跟踪、分析，针对其反映出的风险点完善管控措施，并落实到公司内部管理制度及工作流程当中。二是夯实客户身份识别义务。建议证券经营机构完善投资者风险承受能力测评问卷，保证对投资者的风险认知、风险偏好和风险承受能力等测试参数设置的合规、合理，尽最大可能反映投资者的实际情况；健全投资者信息核查清单，针对交易经历、年收入、金融资产等外部证明较难核实的情况，明确需验证的资料清单及核查方式，在优化客户体验及落实监管要求间寻求平衡；推动投资者评估数据库的建设，利用技术手段对于客户身份基本信息、风险测评基础信息与办理业务留存的基础信息不一致时的自动抓取、识别及预警，减少基础信息不一致导致的适当性管理风险。三是进一步明确风险告知要求。建议证券经营机构针对高风险产品或服务，在产品推介及销售时进一步明确风险告知要求，并设计个性化的风险提示书；在履行告知说明义务时，语言、措辞清晰明了、简单易懂，能为一般理性人理解。四是加强对高龄投资者的适当性管理。建议针对70岁以上的高龄投资者，在了解客户环节应当详细核查其投资目标及风险偏好；在推荐产品和服务时，应当充分考虑其投资期限、投资产品的变现能力等因素；在风险告知环节应当更加详细说明产品的风险，且对于高风险金融产品、服务应当较其他投资者而言做出更为清晰、详细的提示。五是加强投资者适当性持续管理。建议针对投资者不配合更新风险测评时，可以通过投资者在非交易时段登录交易软件时设置强制风险测评、推送适当性动态测评系统推算出的测评结果由投资者进行确认，以及对投资者其他业务资格或权限进行限制等方式促使其予以配合。

最后，完善我国证券行业仲裁机制。建议建立证券行业仲裁机制，在现行证券纠纷调解基础上，吸纳行业专业人才，坚持普惠、专业、高效的行业仲裁，便捷、高效地处理投资者适当性争议。

投资者教育纳入国民教育体系
教学大纲研究

中泰证券股份有限公司　山东财经大学[*]

投资者教育是资本市场规范健康发展的重要基石，也是金融行业践行社会责任的核心内容之一，其本质上是对中小投资者的合法权益进行有力保护、培育成熟理性自律的投资者，这对资本市场的持续健康发展具有深远意义。投资者教育纳入国民教育体系是提高投资者教育工作系统性、提升投资者教育工作水平的重要手段，在各类政策推动下，各地证监局、证券交易所、证券公司等机构联合各层级国民教育学校，开展了诸多富有成效的投资者教育活动，但大多是从投资实践角度出发，较少关注国民教育体系本身的特征与教育工作诉求，无法真正融入国民教育体系之中。

结合上述背景，本文认为，为了更为有效地将投资者教育纳入国民教育体系中，就必须在充分理解国民教育体系的教育内容与规范的基础上，有针对性地将投资者教育知识与国民教育体系的教育内容与规范融合，从而构建起更为体系化的实施方案。高等教育是国民教育体系的重要构成，并且大学生群体相较中小学生群体具有学习能力强、业余时间多，以及与社会实际接触更为密切的特征，因而投资者教育课程在高等教育体系中更有条件加以深入的普及推广。

为此，本文以高等教育体系为例，综合采用文献分析、内容分析、调

---

[*] 课题负责人：郑韩胤，中泰证券总经理助理、财富管理委员会主任；李鑫，山东财经大学齐鲁企业发展研究院常务副院长。课题组成员：张玮、潘嘉骊、赵尚琪、刘兴智、李香梅。

查访谈与典型案例分析四种研究方法，运用来自高校、证券公司等的调查数据与二手资料，围绕"专业设置—培养方案—教学大纲"这一高等教育体系逻辑，探讨投资者教育纳入高等教育体系教学大纲设计问题。研究流程为：首先围绕选修课、微专业、辅修专业等内容，分析投资者教育纳入高等教育体系的专业设置；其次围绕培养目标、培养方式、课程体系等内容，探讨投资者教育纳入高等教育体系的培养方案编制；最后围绕基本信息、课程性质和目标、课程目标与毕业要求关系等内容，分析投资者教育纳入高等教育体系的课程大纲设计。

通过分析得到如下结论：第一，投资者教育纳入高等教育体系教学大纲设计方案应涵盖专业设置、培养方案、课程大纲三项内容。具体设计过程可遵循如下逻辑：先进行专业设置，然后针对不同专业编制培养方案，最后结合培养方案中的课程体系，每一门课程均需要设计出课程教学大纲。第二，在投资者教育纳入高等教育体系的专业设置方面，应遵循"开设为通识选修课—开设为专业选修课—申请设置为微专业"的逻辑逐步开展。开设为通识选修课的作用在于保障投资者教育在高等教育体系中具有较广的影响范围；开设为专业选修课的作用在于提升投资者教育在高等教育体系中的教育内容深度；申请设置为微专业的作用则在于在高校中全面推行投资者教育课程体系，也是投资者教育纳入高等教育体系的较为理想的方案。第三，在投资者教育纳入高等教育体系的培养方案编制方面，应当严格对应专业来编制培养方案。第四，在投资者教育纳入高等教育体系的课程大纲设计方面，投资者教育开设为通识选修课时，可着力打造好"大学生财商教育基础"这门基础课程。投资者教育开设为专业选修课时，可开设"投资理财工具""投资理财技术"等具有一定专业深度的课程。若投资者教育设置为微专业，则需要构建本专业的课程体系，应当包括必修课、选修课与实践课，而且需要在完成课程学习后，设计撰写毕业论文，通过答辩后方可获得结业资质与证书。

根据研究结论，本文建议可从编写专业化的课程教材、打造专业化的师资队伍、推进投资者教育教学质量评价三个方面着手，系统推动投资者教育纳入高等教育体系教学大纲中。具体而言：第一，编写专业化的课程教材方面，可构建由多个专业的教师及证券公司、银行等投资理财实践界的相关从业人员组成的编写团队，首先编制《大学生财商教育基础》教材，而针对《财富管理规划》等实操性较强的教材，可考虑采用"课堂教材＋工具参考书＋实务操作指南＋练习题"的"一拖三"形式编写；第二，打造专业化的师资队伍方面，既应当包括高校内部不同专业的教师，也需要将证券公司、银行等一大批投资理财实践领域的专业培训讲师纳入教学团队中，并定期组织高校教师进行专业培训，开展跨区域的多元交流，以及根据学生学习的进度需求，协调邀请证券公司、金融机构等专业工作人员来学校对学生进行辅助教学；第三，推进投资者教育教学质量评价方面，评价过程应当严格遵循成绩与能力相结合、指导与评价相结合、规范与创新相结合三大原则，构建并及时更新多元化的评价指标，评价学生的知识掌握程度与实操应用水平，以及评价教师的专业知识水平与教学能力，促进投资者教育师资发展。

本文研究有如下重要意义：在理论方面，围绕"专业设置—培养方案—教学大纲"这一高等教育体系逻辑展开探讨，不仅有助于对以往相关研究的零散观点加以汇总整合，而且也可以进一步指导后续专业设置、培养方案制订、课程大纲设计以及进一步的教材编制等研究工作；在实践方面，通过探讨投资者教育纳入高等教育体系相关内容，不仅有助于证券、银行等金融机构更为有效地同高校开展合作，而且可以启发高校更为科学地进行专业设置以及编制培养方案与课程教学大纲，这有利于保障投资者教育取得优质的培养效果。

证券公司从业人员执业领域违法犯罪及风险防范研究

中信证券股份有限公司　北京市天同律师事务所[*]

证券公司从业人员包括证券公司负责相关管理工作以及从事证券业务的人员。前者即管理类从业人员，包括董事、监事和高级管理人员、分支机构负责人和其他管理类人员，后者即业务类从业人员，包括从事投资银行、投资交易、资产管理、财富管理、投资咨询等业务的人员。

司法实践表明，证券公司从业人员刑事犯罪具有特殊性。证券公司从业人员涉及的刑事罪名相对集中于非法吸收公众存款罪、利用未公开信息交易罪、内幕交易罪、职务侵占罪、贪污罪、挪用资金罪等。行为人侵犯的法益主要是公司的管理秩序、金融管理秩序、公私财产、职务行为的廉洁性和不可收买性等。证券公司从业人员的违法犯罪行为表现为行为人普遍利用其职务便利，或依附其具体从事的公司业务，根据其所处的不同业务条线呈现出不同的作案方法，个案行为模式具有多样化。此外，证券公司从业人员涉及共同犯罪的比例较高，通常表现为行为人与上下级、亲戚、朋友或者合作伙伴等内外勾结，有预谋、有分工地实施犯罪行为，较高的共同犯罪占比从侧面体现了相关犯罪具有隐蔽性、复杂性、专业性和周期长的特点。研究发现，证券公司从业人员犯罪案件的发生频次波动上

---

[*] 课题负责人：张国明，中信证券合规总监、法律部行政负责人；周卫青，北京市天同律师事务所合伙人。课题组成员：徐伟、刘洋、沈永东、田园、张静、李俊琼、孙凌晨、郑玉、李元双、丁丽琴、牛颖颖、邢平、包嘉佳。

升，案件数量在 2017—2020 年呈现出上升趋势，并于 2019 年和 2020 年达到峰值。

在对证券公司从业人员执业领域犯罪规制层面，《刑法》作为定罪量刑最重要的依据，统一规定了犯罪行为的构成要件及法律后果；司法解释、刑事政策与典型案件在证券公司从业人员执业领域违法犯罪的定罪量刑方面同样起到不可忽视的作用。就犯罪构成而言，证券公司从业人员执业领域犯罪在主体、客体、刑事责任方面具有如下特征：第一，该等犯罪大多属于身份犯；第二，犯罪客体为我国市场经济秩序，尤其是危害金融管理制度和金融管理秩序；第三，刑事责任主刑基本采用自由刑，以罚金刑为附加刑，大部分罪名有两个或两个以上量刑幅度。

《刑法》将严重违反金融领域法律法规的行为规定为犯罪加以刑事制裁，属于法定犯，具有行政违法和刑事犯罪的双重性。证券公司从业人员涉及的行政违法与刑事犯罪存在主体、实体、程序及惩罚等多方面的衔接：第一，行政处罚的对象基本不会超出《刑法》规定的范畴；第二，或反映于行政规章，或是刑事责任的认定依赖行政法律法规；第三，行政违法未必构成刑事犯罪，刑事犯罪未必以行政处罚为前提；第四，《证券法》规定了警告、罚款、没收违法所得等行政处罚，《刑法》主要规定了徒刑、罚金刑和没收违法所得等。

证券公司的董事、监事、高级管理人员、分支机构负责人和其他管理类人员在不同管理职务下所涉犯罪行为、司法机关对犯罪行为认定以及对犯罪人的制裁措施均有其特点。

行为人犯非法吸收公众存款罪、贪污罪、内幕交易罪、挪用资金罪的数量最多。证券公司分支机构负责人通常掌握着分支机构的财务权限和人事管理权限，既有直接控制分支机构账户而实施违法犯罪行为的情形，也有指使分支机构财务人员协助其从事违法犯罪的情形。证券公司分支机构负责人刑事犯罪行为具有明显的分支机构的特殊性，并与分支机构实际承担的业务角色和职责密切相关，实施犯罪时通常将犯罪手段包装为与证券公司或者其分支机构有关的业务形式。

证券公司业务类人员的刑事犯罪与其所从事证券业务属性紧密相关，

且从业人员在不同业务下的犯罪行为存在各自特点。投行业务人员更多涉及内幕交易罪、泄露内幕信息罪以及行贿受贿犯罪，与投行业务人员开展或接触的项目密切相关，存在犯罪行为实施的难度和发现的难度。投行业务的承揽人员为排除竞争行贿，承做人员向项目公司索要钱款，也可表明投行业务人员在业务开展过程中，面对金钱利益的巨大诱惑，未能廉洁从业。投资业务人员的犯罪集中于利用未公开信息交易罪和职务侵占罪。行为人利用其职务便利，接触到有关账户的投资决策和具体证券的交易时间、数量、动态等信息，控制他人账户进行交易或明示、暗示他人从事相关交易活动。证券公司自营业务人员涉及的职务侵占罪，最终目的均是将本属于证券公司的利益占为己有。资管业务人员涉刑较少，主要为利用未公开信息交易罪，系因资管业务人员属于典型的在业务过程中有机会获取未公开信息的人员，相关投资管理人员、交易人员等均有条件获取资管产品的投资决策、交易执行、证券持仓数量及变化、资金数量及变化、交易动向等信息，这些信息均属于未公开信息的范畴。财富管理或者证券经纪业务属于犯罪高发的业务领域，各类犯罪行为主要发生在财富业务的管理、营销、客户服务等执业过程中，且相关犯罪主体利用其展业过程或展业场所即证券公司办公场所、分支机构驻点营销网点等地实施犯罪，其所犯集资类犯罪，如诈骗罪、非法吸收公众存款罪等也与财富管理业务服务对象主要是自然人客户密不可分，犯罪行为具有较强的业务属性。投资咨询业务人员涉及的刑事犯罪与投行从业人员以及投资从业人员具有一定的重合性，具有典型的职务相关特征。

证券公司从业人员违法犯罪事件的发生，在于公司合规管理制度构建不成熟、行业合规诚信文化建设滞后以及证券法律制度尚待健全等多层次、多方面的原因。在分析管理类人员和业务类人员犯罪共性与特性的基础上，应从从业人员执业教育与法治培训出发，构建证券公司内部制度和追责体系，就不同的业务条线建立内部有针对性的考核、防范与追责机制。要有针对性地对不同证券公司从业人员进行刑事犯罪的风险防范，同步设置证券公司从业人员强制隔离机制、证券公司廉洁从业风险防范机制以及证券公司从业人员异常行为监测机制。针对证券公司的董事、监事和高级管理人员、分支机构负责人和其他管理人员,需突出管理类从业人员刑事犯罪防范的薄弱环节,防微杜渐。行业自律组织也应有意识地引导证券公司注重企业合规、诚信文化建设,提高从业人员的廉洁从业水平,发挥行业自律组织的犯罪预防作用。

行政监管、刑事立法与刑事司法要充分发挥合理惩治、充分威慑的功能,统一金融犯罪的解释体系和法律适用,整合资本市场的追责体系和行刑衔接。针对疑难复杂的证券犯罪,建议加强证券监管部门的调查取证权限,畅通行政执法与刑事制裁程序之间的衔接。在证券公司从业人员刑事犯罪的案件中,应当重视和完善认罪认罚从宽制度和贯彻宽严相济的刑事政策。在证券市场新型犯罪手段层出不穷、犯罪主体复杂的大背景下,应进一步提高法律规制的确定性,及时跟进完善司法体系,合理区分个人责任与单位责任,实现"严厉打击"与"精准打击"并举。